「心灵的光明」电网员工心理健康读本

我的中国梦

——入职适应篇

杨华伟　姬中勋◎编著

中国电力出版社

图书在版编目（CIP）数据

我的中国梦：入职适应篇/杨华伟，姬中勋编著．—北京：中国电力出版社，2015.8

（"心灵的光明"电网员工心理健康读本）

ISBN 978-7-5123-7319-8

Ⅰ．①我⋯　Ⅱ．①杨⋯②姬⋯　Ⅲ．①职业选择－通俗读物　Ⅳ．①C913.2-49

中国版本图书馆CIP数据核字（2015）第042896号

中国电力出版社出版、发行

（北京市东城区北京站西街19号　100005　http://www.cepp.sgcc.com.cn）

北京盛通印刷股份有限公司印刷

各地新华书店经售

*

2015年8月第一版　2015年8月北京第一次印刷

787毫米×1092毫米　32开本　5.25印张　90千字

定价：19.00元

丛书编委会

总 策 划： 刘克兴

主 编： 张 静

副 主 编： 郭伾生 王雪梅

委 员： 李勤道 任林举 陈红军 罗钟灵 史宝钢

何新洲 陈 军 唐娅静 马 伟 杨舍近

姚秀辉 李丹丹 李大鹏

编写人员：（按姓氏笔画排序）

于 磊 王 英 王存华 王熠姝 孔 洁

叶丽萍 刘琼珍 刘新茹 闫翠萍 李 俊

杨华伟 肖 安 肖逾白 张 琦 张葵葵

陈淑萍 杭天依 周海萍 袁丽华 姬中勋

魏建云

　　随着经济全球化和信息技术的迅猛发展，企业和员工都在承受着前所未有的生存与发展压力。近年来，华为"自杀门"、富士康"13连跳"等系列事件，凸显出我国企业员工心理健康问题形势的严峻性，已成为社会关注的热点。

　　电网企业是重要的国家能源配置平台，是国家综合能源运输体系的重要组成部分，也是做强做优国家能源产业的关键。电网企业的运营效率关系着百姓切身利益、社会和谐稳定、经济健康发展，受到全社会的高度关注。近年来，随着我国经济社会的迅速发展和电网企业的不断壮大，电网企业员工不可避免地受到来自方方面面的压力——企业转型、工作业绩、职位晋升、薪金待遇、人际关系、恋爱婚姻、家庭生活等等。面对重重压力，员工的心理健康状况不容乐观，同时也给企业安全生产、和谐稳定带来巨大隐患。

　　国家电网公司多年来一直坚持"以人为本、忠诚企业、奉献社

会"的企业理念，关注员工心理健康，提高员工心理资本，让员工充满激情、快乐地工作，已成为当务之急，刻不容缓。

《"心灵的光明"电网员工心理健康读本》正是在这样的背景下，在国家电网公司工会、思想政治工作部的大力支持和积极关注下应运而生，旨在结合电网企业员工工作性质，从心理健康、安全心理、企业精神、职业道德、管理艺术、沟通技巧、压力管理、入职适应、婚恋家庭、亲子教育、女性心理、安享晚年等12个方面入手，全面培养员工的心理健康意识、职业道德、职业心态、职业素养，提高员工工作的积极性、主动性，激发员工内在的工作动力，树立负责、宽容、积极、进取、协作、敬业、诚信、追求卓越的人格品质，并藉此向全体员工传递健康向上的工作和生活态度，为塑造阳光心灵、放飞幸福梦想开启一扇明亮的窗。

本套丛书采用口袋书的形式，便于携带，方便广大员工在工作

之余、旅途之中、闲暇之时阅读；同时采用图文结合的形式，漫画生动、活泼，使员工在轻松地阅读中了解很多与自身息息相关的心理学知识。

　　关注心理健康，成就卓越人生。让我们打开书本，从关爱自己的心理开始，做一个心理健康的优秀员工吧！

编者

2015年8月

　　有两棵苹果树，终于结果子了。第一年，它们都结了10个苹果，9个被拿走，自己得到1个。第二年，苹果树A愤愤不平，于是自断经脉，拒绝成长。第二年，它结了5个苹果，4个被拿走，自己得到1个。"哈哈，去年我得到了10%，今年得到20%！翻了一番。"它心里美滋滋的。然而第三年到第十年，它每年都只结5个果子。而苹果树B第二年努力生长，结了100个果子，被拿走90个，自己得到10个。很可能，它被拿走99个，自己得到1个。但没关系，它还可以继续成长，第三年结1000个果子……其实，得到多少果子不是最重要的。最重要的是，苹果树在成长！

　　生命是一个历程，是一个整体。我们太过于在乎一时的得失，而忘记了成长才是最重要的。千万不要因为激愤和满腹牢骚而自断经脉。不论遇到什么事情，都要做一棵永远成长的苹

果树，因为你的成长永远比每个月拿多少钱重要得多。这就是成长。

自2009年起，国家电网公司（简称公司）每年新入职员工全部要经过为期2~4个月的全日制脱产集中培训，方能上岗，来自全国乃至全球各名校的高材生们迈出了他们成长的第一步。本书作者多年从事公司新员工集中培训工作，亲身经历了他们从一名大学毕业生向一名"绿色"国网人的蜕变，亲眼见证了他们对梦想的追逐。《我的中国梦》一书面向的，正是这群有梦想、有能力、有素质的年轻追梦者们。

《我的中国梦》一书大概可以成为这个时代所有成功者的写照——从一个伟大的梦开始，经年经事渐次积累了人生的财富，最终获得心之所向的成功。然而，方才经历毕业的年轻朋友们，这本书要告诉你们的是如何积累这些人生的财富，这些财富能够帮助你实现什么样的梦想、到达什么样的顶点。真正积累这些财

富的过程是从踏入职场之时开始、从现在开始，一点一滴提升自己、考验自己、不错过任何让自己吃苦流汗的机会，并以书中的原则为基准，摒弃世俗之见，下定决心坚持下去。

作者知道，年轻人都很忙，要努力工作，要恋爱婚姻，要生活品质。作者也知道，年轻人爱吃文化快餐，喜欢微电影，喜欢刷朋友圈，喜欢《一本书读懂×××》、《×××快速入门》。作者还知道，年轻人很苦恼，跟领导不敢说，跟朋友不愿说，跟父母不能说。

因此，阅读本书，你不需要拿出大把的时间——因为你可能没有。你只需要把它放在随手可及的地方，办公桌、沙发旁甚至洗手间，信手拈来，翻阅一页只需几分钟，或许就有值得你"点个赞"的部分。本书没有艰涩的理论知识，没有拗口的专业术语，也能帮助你解答关于入职适应、生涯规划、职业道德以及人生价值的困惑。读着读着，你可能会读到脍炙人口的寓言传说，

可能看到一幅幽默的漫画，令你轻松愉悦。你可能会读到知名人物背后的故事，甚至可能会见到你身边同事的身影。因为，书中选用的案例全部是曾经获得全国劳动模范、五一劳动奖章、道德模范等荣誉的真人真事，以及数十个公司级荣誉团队与个人的先进事迹。他们都是和我们一样的普通人。

　　一本书，一堂课，并非一定要字字句句都真知灼见，发人深省，只要其中某一句话、某一观点使你觉得"嗯，有道理，说得对，我得好好想想，我以后也要这样"，那就足够了！

　　希望本书也能如此。

　　毕业，永远是人生中的一道坎，如同离开一个不能长久的爱人，对过去的留恋以及对未来的迷茫要远超过那一刻的释然与洒脱。概因洒脱的心绪是无心亦无滞的，如空中云、水中月，完全做到说明没有真情。当学子们将学士帽抛向天空时，视线却难以离开头顶的那片云，因为你们的前途还飘荡在那里，没有着落。

　　被世人认可的长辈，永远是年轻人崇拜之情的载体，他们总像经历过无数风暴的船长一样，稳妥地驾驭着手中的资源。对于不经事的职场新人而言，那些取得了空前成就的父辈，更是天之骄子一般的存在。所以，当乔布斯告诉斯坦福大学的毕业生他是因为没钱而辍学的时候，他们都惊讶地睁大了眼睛——是什么，让一个刚刚从大学辍学的身无分文的年轻人，用短短二十载的光阴，便在历史上刻画了时间无法消弭的痕迹？

　　乔布斯的回答很简单——积累人生中点点滴滴的财富。人生的财富大多与钱无关，且总能随着时间的推移增长，最终到达金钱的标尺无法企及的地方——乔布斯辍学后去旁听过一门只有几个人选修的书法课，我们今天能用计算机设计各种漂亮的字体，都应该感谢他那在当时看似没有意义的对美的追寻。

然而人生的财富不止于美，恰如托尔斯泰的那句感叹："假如认为美就是善，那是多么离奇的幻想啊！"故美之外，还有一字曰：德，其包含勇气、责任、真诚、礼、义、廉、耻等一切能让灵魂高贵、内心有力的品质或知识。所谓人生之财富就具有这样的魔力——若为品质，则可以让我们在阳光下堂堂正正地行走；若为知识，便足以"朝闻道，夕死可矣"。

不过，刚刚走出校园的学生若真如此超凡脱俗，就有些"为赋新词强说愁"的意味了。追寻世人眼中的成功，其实是求道之路的开始，因为"俗"实为一种真，而真、返璞归真才是所谓的得道之路。而要想取得这尘世间的成功，人生的财富便不可缺少一样——伟大的梦想。收集人生财富的灵魂之旅应从梦想开始，罗曼·罗兰的解释是"你的梦想与热情，是你航行的灵魂的舵和帆"。

然而，梦想易读，伟大难解。这倒让我想起不少年轻人的一个问题：中国梦到底是什么？

年轻人的梦想，总逃不开私心，可惜，私欲与伟大似一对此消彼长的两极，绝大多数人都承受着矛盾带来的张力。所幸，责任心好似杠杆的平衡点一样中和了无欲的虚伪和伟大的决绝，令许多人的灵魂之旅不再建立在一个虚妄的命题之上。缘于此，对于中国人而言，一个对社会、对家庭、对他人负责任的梦想，就是中国梦。

请不要急着去寻找"真理的海洋"，就这样在海边玩耍、搜寻就好，如牛顿所说的那样，时而为发现一粒光滑的石子或一片美丽的贝壳而欢喜。当别人问起："你实现你的梦想了吗？"你们能理直气壮地回答："在路上。"

就足够了。

目录

第三章
美德是人生最有价值的资源

第四章
我平凡　我灿烂

第一章
做一粒沙堆里的黄金

"小荷才露尖尖角，早有蜻蜓立上头。"这是南宋诗人杨万里的名句，他给我们描绘出了一种具有无限生命力的朴素、自然而又充满生活情趣的生动画面：嫩嫩的荷叶刚刚将尖尖的叶角伸出水面，早就有调皮的蜻蜓轻盈地站立在上面了。这是一份有着神奇生命力的惊喜，它给人们留下的是无尽的希望与憧憬，正如一群刚从大学走出来步入国家电网公司的年轻人那样。

第一节　小荷才露尖尖角

🍃　一个新闻系的毕业生正急于寻找工作。一天，他到某报社对总编说："你们需要一个编辑吗?""不需要!""那么记者呢?""不需要!""那么排字工人、校对呢?""不，我们现在什么空缺也没有了。""那么，你们一定需要这个东西。"说着他从公文包中拿出一块精致的小牌子，上面写着"额满，暂不雇用"。总编看了看牌子，微笑着点了点头，说："如果你愿意，可以到我们广告部工作。"这个大学生通过自己制作的牌子表达了自己的机智和乐观，给总编留下了美好的"第一印象"，引起其极大的兴趣，从而为自己赢得了一份满意的工作。

这种"第一印象"的微妙作用，在心理学上称为"首因效应"。

什么是首因效应？

"首因效应"即"第一印象"，是指个体在社会认知过程中，第一次与某物或某人接触时会留下深刻印象，这个印象作用最强，持续的时间也长，比以后得到的信息对于事物整个印象产生的作用更强，亦即"先入为主"带来的效果。虽然这些第一印象并非总是正确的，但却是最鲜明、最牢固的，并决定着以后双方交往的进程。

著名设计大师De Lucchi先生说过一句名言："一个人永远不会有第二次机会给人以第一印象。"因此，从一定意义上说，第一印象决定一切。良好的第一印象是成功沟通的起点和关键点，而糟糕的第一印象却是沟通中的障碍和阴影。

心理学家曾做过一个实验：把被试者分为两组，同看一张照片。对甲组说，这是一位屡教不改的罪犯。对乙组说：这是位著名的科学家。看完后让被试者根据这个人的外貌来分析其性格特征。结果甲组说：深陷的眼睛藏着险恶，高耸的额头表明了他死不改悔的决心。乙组说：深沉的目光表明他思维深邃，高耸的额头说明了科学家探索的意志。这个实验表明第一印象形成的肯定的心理定式，会使人在后续了解中多偏向于发掘对方具有美好意义的品质。若第一印象形成的是否定的心理定式，则会使人在后续了解中多偏向于揭露对象令人厌恶的部分。

总而言之，第一印象在人际沟通中是至关重要的，它所派生出来的首因效应、光环效应等，可产生巨大的心理惯性，影响人们的交往态度。虽然第一印象形成的判断主要以感性信息为主，还不是理性的判断，但我们绝不能忽视它的影响力，尤其在人际交流非常频繁的现代社会，我们更应充分把握每一次展示自己的机会，策划与管理好自己的整体形象，给人留下美好的第一印象，为自己事业的成功做好铺垫。

如何留下良好的第一印象？

据心理学研究，别人对你的印象55%取决于你的外表——包括服装、个人面貌、体形、发色等；38%是自我表现，包括你的语气、语调、手势、站姿、动作、坐姿等；只有7%才是你讲话的内容。

对无缘得见的社会名人，多数人也会产生或好或坏的第一印象，影响因素包括他们的外貌以及媒体对其公众形象的评价。此外，女人比男人感性，所以更容易先入为主；男人相对更加理性，在长远洞察力方面有优势。

那么，什么样的举止会给人留下糟糕的第一印象呢？初次见面就讲述私人生活或个人问题、搬弄是非或批评他人、只谈论自己、过于活泼或好开玩笑、举止莽撞冒失、自己高谈阔论却不给对方说话机会、认为自己永远有理或目空一切，都会给人留下坏印象。

有人说，要给人好印象，你只需要7秒钟。如何在这7秒钟内给人留下良好的第一印象呢？

第一，仪表要端庄。仪表一般指一个人的外貌及外表的修饰，尽管人们都知道"以貌取人，失之子羽"的道理，但在公共场所，谁都愿意同一个衣着整齐、仪表大方的人在一起，没人会乐意和一个不修边幅、邋邋遢遢的人在一起。

第二，表情要自然。表情不仅可以充分展示自己的人格和修养，还可以弥补自身的一些先天不足，在第一次与人交往中一定要从心理上放松自己，表情自然。

第三，谈吐要文雅。与人交谈，你要注视对方谈话，赞成就点头，有趣就微笑，不要随意打断别人的话，但可以询问，以表示你在用心听。

第四，举止要适度。行为举止是一个人的内在气质、修养的表现。动作要注意文明礼貌，不要莽撞，不要张狂，忌不懂装懂，盛气凌人，指手画脚；不要对着人打喷嚏、咳嗽；不要歪歪斜斜地坐着，跷二郎腿，说话时手舞足蹈。

第五，待人要真诚。生活中，谁都愿意和热情、真诚的人交往，而和虚伪、自私的人保持一定距离。因此，要获得良好的第一印象，就要真诚地与对方沟通，站在对方的立场上。

第六，学会运用交往中的"SOLER"技术。S（SIT）代表"坐要面对别人"；O（OPEN）表示"姿势要自然开放"；L（LEAN）的意思为"身体微微前倾"；E（EYES）代表"目光接触"；R（RELAX）表示"放松"。心理学家发现，在社交场合，有意识地运用"SOLER"技术，可以有效地增加给别人的好感，让别人更好地接纳自己，给人留下良好的第一印象。

心海箴言

面必净，发必理，衣必整，钮必结；头容正，肩容平，胸容宽，背容直。气象勿傲勿暴勿怠，颜色宜和宜静宜庄。这就是周总理一生都在严格履行的"容止格言"。

心理测试

我给人的第一印象如何？

测试题目：

1. 你和对方第一次见面时的表情是：
   A. 自然大方，热情诚恳
   B. 大大咧咧，漫不经心
   C. 心情紧张，羞怯拘谨

2. 在见面的最初几分钟里，你能很快发现你和对方的共同点或共同感兴趣的话题吗？
   A. 既快又准
   B. 一直未发现
   C. 很久才发现

3. 你和对方谈话时的坐姿是：
   A. 双膝并拢
   B. 两脚叉开
   C. 跷二郎腿

4. 你与对方谈话时，双眼总是盯住：
   A. 对方的眼睛
   B. 另外的人或物
   C. 自己感兴趣的

5. 你和对方谈话的话题选择的是：

    A. 双方都感兴趣的

    B. 对方感兴趣的

    C. 自己感兴趣的

6. 你和对方谈话的时间分配是：

    A. 对等

    B. 对方多于自己

    C. 自己多于对方

7. 你谈话的声音：

    A. 很低，对方难以听清

    B. 温和而低沉

    C. 大嗓门，高亢热情

8. 你与对方谈话时的手势动作：

    A. 偶尔用   B.不用   C.时常用

9. 你与对方谈话的发音速度是：

    A. 连珠炮似的

    B. 慢慢吞吞，上句不接下句

    C. 节奏适度，吐字清楚

10. 当对方谈及你不感兴趣的话题时，你会：

    A. 打断对方的谈话

    B. 表现沉默或不耐烦

    C. 认真听下去，从中发现兴趣

11. 经过初次见面交谈，你能对对方言行、知识、能力等方面作出适当的、赞扬性的评价吗？

    A. 不能   B.不确定   C.能

12. 你和对方分手时，下次见面的时间、地点是由：

    A. 对方提出

B. 双方谁也没提出

C. 你提出

计分与结果：

1：A-5分，B-1分，C-3分

2：A-5分，B-1分，C-3分

3：A-5分，B-1分，C-3分

4：A-5分，B-1分，C-3分

5：A-3分，B-5分，C-1分

6：A-3分，B-5分，C-1分

7：A-3分，B-5分，C-1分

8：A-3分，B-5分，C-1分

9：A-1分，B-3分，C-5分

10：A-1分，B-3分，C-5分

11：A-1分，B-3分，C-5分

12：A-1分，B-3分，C-5分

47~60分：你给人的第一印象好。你温文尔雅，举止有度，给人留下最佳印象。

　　23~46分： 你给人的第一印象有浓有淡。你具有令人喜悦的因素，但你对人的吸引力却不强。你要努力显露自己的形象，使第一印象得到改善。

　　12~22分： 你给人的第一印象不佳。你的行为举止容易让人产生误解，这是由于你不懂与人交往是一种艺术，改进的办法是站在对方角度思考问题，"己所不欲，勿施于人。"

第二节　责任比能力更重要

🦋　1967年8月23日，苏联"联盟一号"宇宙飞船完成任务胜利返航。但飞船返回大气层时，无论用什么办法也无法打开降落伞。地面指挥中心采取了一切可能的救助措施想帮助排除故障，但都无济于事。

"联盟一号"的悲剧，就因为地面检查时忽略了一个小数点，导致飞船在进入轨道后出现一系列故障——右侧太阳能电池阵打不开、无线电短波发射器无法使用、无法准确控制飞船姿态，飞船失稳，姿态不稳定。

一个小数点算得了什么，不就是一个小圆点吗？可是，就是这个并不起眼的小圆点碰到了一个没有责任心的人，酿成了一个催人泪下的悲剧。

能力表现一个人办事的效率，责任则体现了一个人事业心的强弱。有责任心有能力是精英，有能力无责任心坏大事，无能力无责任心是废人。如果一个人有责任心，那么他还可以培养自己的能力，因为能力是可以培养锻炼的；而一个没有责任心的人，即使很有能力，也不能把事情做好。

如果你缺乏责任心，企业不会聘用你，团队不会让你加盟，同事不愿意与你共事，朋友不愿意与你往来，亲人不愿给你信任，你最终将被这个社会抛弃。

几乎每一个优秀的企业都非常强调责任的力量。"责任"是最基本的职业精神和商业精神，它可以让一个人在所有的员工中脱颖而出。

责任体现在每天多做一点点

道尼斯最初为杜兰特工作，职务很低。但他每天下班后，都主动留下来，在需要时，为杜兰特先生提供一些帮助。杜兰特先生经常找文件，打印材料，最初这些工作都是由他亲自做的。后来，他发现道尼斯在办公室里，便招呼他过来帮忙，并养成了习惯。现在，道尼斯已经成为杜兰特先生的左膀右臂，担任其下属一家公司的总经理。他之所以能如此快速地升迁，就在于每天驱策自己多做些工作。

事实上，许多人能获得事业上的成功，就在于他们比别人多做了那么一点点。所以，我们不要总是以"这不是我分内的工作"为由来逃避责任。当额外的工作分配到你的头上时，不妨视之为一种信任，一种机遇。

一个人承担的责任越多越大，证明他的价值就越大。所以，我们每个人都应当为自己所承担的一切感到自豪。

责任体现在细节中

企业家凯普入住希尔顿饭店。早上，他走出房门，服务员就走过来问好。凯普奇怪的并不是服务员的礼貌举动，而是竟喊出了自己的名字。当凯普乘坐电梯到一楼的时候，服务员同样叫出他的名字。原来，希尔顿饭店要求服务员记住每个房间客人的名字，以便拉近与客人的距离，增强亲切感。希尔顿之所以成功的奥妙也就在于，它用"零缺陷"的标准要求自己的工作，在点滴细微之处做到了"领先一步"。

如果一个护士不负责任，不小心给糖尿病人输葡萄糖液，那会造成什么恶果？如果一个水泥工人在操作中因疏忽生产了一批不达标的水泥，而一家建筑公司正准备用这批水泥做建筑材料，谁能知道他的不小心会造成多少灾难？一个财务人员如果在汇款时不小心写错了一个账号，公司又会蒙受多少损失呢？一位大学生不注意细节，影响的只是个人的前途，而我们国家电网公司的员工如果不注意细节或不负责任，造成的生产安全后果将不堪设想！

国网山西省电力公司1000千伏特高压交流试验示范工程长治变电站内。一天午饭时突然起了大风，主控室值班人员观察到站内绿化带的一块保温塑料布被风吹起。对讲机一响，所有在食堂里吃饭的人，立刻戴上安全帽，跑去把那块塑料布处理好，随后把站内类似的东西重新检查、捆扎了一遍。"虽然事情不大，但变电运行工作就是这样，要从细节做起。"

细节决定成败。细节同样体现着责任！一个人没有责任感，并不仅仅体现在大是大非面前，而且更多体现在小事当中。每个人所做的工作，都是由一件件的小事构成的，但不能因此而对工作中的小事敷衍应付或轻视责任。所有的成功者，他们与我们都做着同样简单的小事，唯一的区别就是，他们从不认为他们所做的是简单的小事！

公司发展，人人有责

有个老木匠准备退休，老板问他是否可以帮忙再建一座房子。老木匠答应了。但木匠的心已不在工作上了，用料也不那么严格，做出的活也全无往日的水准。总之，他的敬业精神已不复存在。

　　这座歪歪扭扭的房子建好后，老板并没有说什么，只是把钥匙交给了老木匠。"这是你的房子，"老板说，"我送给你的礼物。"

　　老木匠一生盖了多少好房子，最后却为自己建了这样一座粗制滥造的房子。

　　这虽然只是一个故事，但是生动地说明了个人的努力并不完全是为了领导，归根到底是为自己而工作。

　　时下，有些员工对待自己的工作有时会敷衍了事、不负责任。在他们看来，不论大事小情，只有领导、主任、经理才

有责任，而自己只是一名普通员工，没有什么责任可言。一旦出现了错误或事故，领导应该承担责任，与自己无关或关系很小。

公司是由每一个人组成的，大家有共同的目标。因此，公司里每一个人都肩负着企业发展的责任。这种责任是不可推卸的，无论你的职位是高还是低。企业是一条航行于惊涛骇浪中的船，每一个员工都是船上的水手，员工的命运和企业的命运紧紧拴在一起，它需要所有员工全力以赴把船划向成功的彼岸。唯有每个人都担当起自己的责任，才能保证企业这艘航母乘风破浪，扬帆远航！

心海
箴言　　　如果你把责任推在别人身上，也就让命运掌握在别人手上。

心理测试

我是一个有责任感的人吗？

测试题目：

下列题目每题有5个备选答案，分别是：A从不、B很少、C有时、D经常、E总是。请根据你的实际情况每题选择一个答案。

1. 认为不必要太讲究规范、追求完美。
2. 与人约会，能提前或准时赴约。
3. 有非常爱整洁的习惯。
4. 大多数人认为你是一个可靠的人。
5. 外出旅行时，你是否丢三落四把要带的东西忘掉了？
6. 借了别人的东西是否保证完好无损地放回原处？
7. 连一件小东西都非常珍惜，不轻易丢弃。
8. 发现朋友的不良行为时，会劝其痛改前非。
9. 出门在外找不到垃圾桶时，会把垃圾随手扔掉。
10. 睡觉之前，要将所有的门窗和开关都检查一遍。
11. 为保持身体健康而做运动和锻炼。
12. 朋友聚会后，会留心收拾打扫残局。
13. 会为了好玩而拖交作业或延误工作。
14. 会为了健康而改变某些嗜好或习惯。

15．能记住重要的纪念日。

16．会将正事列为优先，之后再考虑休闲活动。

17．会遗失重要的文件。

18．会放弃参与选举的权利。

19．将一些昂贵物件的发票保存完好。

20．收到别人的来信会及时回信给别人。

21．会丢失钥匙、手表、手机或铅笔之类的随身物品。

22．既然决定做一件事，就一定要把它做完做好。

23．每逢纪念日或重要节日，你是否预先问候亲友？

24．有约在先的事情不会失约。

25．为了不损害自己的利益而放弃某种责任。

26．经常提前赶去乘火车或汽车。

27．为未来生活可能的改变而做好准备（如储蓄）。

28．会不经意忘了要完成的任务。

29．担心东西未洗净，宁愿多洗几遍。

30．无论是小时候还是现在都会给家人帮忙做家务。

计分与结果：

题号是奇数：A-4分，B-3分，C-2分，D-1分，E-0分；

题号是偶数：A-0分，B-1分，C-2分，D-3分，E-4分。

81分以上： 你行事谨慎、细心、可靠，为人谦虚和懂礼貌，并且相当诚实。你的朋友会觉得你是一个可以依赖的人、可靠的人，他们愿意将心里话告诉你，在遇到困难的时候，他们往往想到的也是你。

31～80分：大多数情况下你都很有责任感，只是偶尔有些不坚持原则，有时也会马虎，甚至草率或失信，你是一个可以依赖的人，你的责任感会使你做好自己的本职工作。

30分以下：你是个不太负责任的人。你经常会不按原则办事或逃避责任，在许多事情上造成失职，对他人甚至对自己都缺乏责任感。

第三节　插上飞翔的翅膀

1965年的一天，西雅图景岭学校图书馆出现了一个瘦小的男孩，他不遗余力地在书架中穿来插去，不一会儿功夫，他已找出了三本放错地方的图书。第二天，他来得更早，而且更加努力。两个星期后，小男孩要搬家到另一个住宅区了，但他对管理员说："我走了，谁来整理那些站错队的书呢？爸爸会用车接送我，如果爸爸不带我，我就走路来。"

小男孩这种积极努力的精神，给图书管理员留下了很深刻的印象。他当时就认为这个孩子将来一定会成功，只是他没能料到，这个小男孩会成为信息时代的天才、微软公司的老板、世界首富——比尔·盖茨。

兢兢业业的工作态度，是成就自己人生事业的基石！没有随随便便的成功，除非你只想成为一个随随便便的人。

素质就是个人所具有的一些潜在特质，例如：动机、特质、技能、自我形象、社会角色、所拥有的知识等，这些因素在工作中会导致有效或杰出的绩效表现，主要有三个方面：

一是基本素质，指员工自身所具备的文化知识、语言、思想、判断能力、心理承受能力、自我约束能力和健康的身体。

二是政治素质，指员工的思想政治品质和职业道德品质。要求员工热爱党、热爱祖国、热爱人民、热爱自己所在的企业，更热爱自己的本职工作，具有强烈的事业心、责任感、拼搏向上的进取精神、热爱集体的团队精神和爱岗敬业、诚实守信、办事公道、服务群众、奉献社会的职业道德精神。

三是专业素质，指员工在所从事的专业岗位上具备的专业理论、专业技术、专业技能及创新意识、创新能力。要求员工不论在哪个岗位上，都能专心致志，精益求精，熟练掌握本职工作的专业理论、专业技术和专业技能，力争把本职工作做到最好并有所创新。

当职场趋势已从企业端的"终身雇用"转变为个人端的"终身就业"，你必须时时增加自己的竞争力，使自己成为那个"不可或缺"的人。即使二十年后，依然是企业抢着要的人才。以下三个商数，是你需要为自己插上的翅膀。

道德商数

一位非常优秀的小伙子在法国留学，毕业后求职被一家大公司拒绝。该公司人力资源经理说："先生，老实说，从工作能力上，你就是我们所要找的人。但我们查了你的信用记录，发现你有三次乘公交车逃票被处罚的记录。此事证明：第一，你不尊重规则，你善于发现规则中的漏洞并恶意使用。第二，你不值得信任。而我们公司许多工作的进行是必须依靠信任进行的。所以我们没有办法雇你，在这个国家甚至整个欧盟，你可能找不到你的公司。"

如果说我们的能力、智商、学历是绝对值，那么道德商数就是正负号。如果方向错误，那么智商越高，偏离越远，危害越大。

情绪商数

一个老人在高速行驶的火车上，不小心把刚买的新鞋从窗口掉了一只，周围的人均感惋惜，不料老人立即把第二只鞋也从窗口扔了下去。这举动更让人大吃一惊。老人解释说："这一只鞋无论多么昂贵，对我而言已经没有用了，如果有谁能捡到一双鞋子，说不定他还能穿呢！"

看待取舍。这个世界有很多美好的东西，但是它们注定不能全部是你的。有能力改变你能改变的，有勇气接受你不能改变的，有智慧判断什么是你能够改变的，什么是你不能够改变的。

　　应对挫折。幼蝶在茧中挣扎是生命过程中不可缺少的一部分，是为了让身体更加结实、翅膀更加有力。化蛹为蝶，其过程虽痛苦但却是必经之路。你要想成为美丽的彩蝶，你的人生就必须经历这个过程。正是在人生的不断挣扎与痛苦中，磨炼出了你更结实、更有力的翅膀，让你的人生能飞得更高、飞得更远。而职场中遇到的困难与挫折，也许就是成就你人生的那层茧！

　　学会倾听。曾经有个小国的使臣来到中国，进贡了三个一模一样的金人，做工精细，造型别致，可以说是巧夺天工，把皇帝高兴坏了。可是这个小国不厚道，同时出了一道题目：这三个金人哪个最有价值？皇帝想了许多办法，请来珠宝匠检查，称重量、看做工，都是一模一样。怎么办？使臣还等着回去报告呢！泱泱大国，众多人才不会连这个小问题都解决不了吧？最后，有个老臣说他有办法。

　　皇帝将使臣请到大殿，老臣胸有成竹地拿出三根稻草，分别

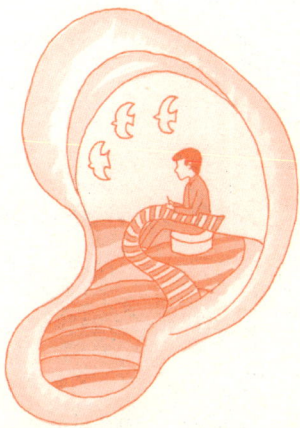

插入三个金人的耳朵里，第一根稻草从另一个耳朵出来了；第二根稻草从金人的耳朵进去，从嘴巴里掉了出来；第三根稻草从金人的耳朵进去，掉进了它的肚子再也没有出来。老臣说："第三个金人最有价值！"

倾听是一种美德，倾听是一种修养，倾听是一种气度。因此，学会倾听，你会变得道德高尚；学会倾听，你会变得胸襟开阔；学会倾听，你会从中受益无穷。

职场商数

培养习惯。"习惯就像一根绳索，每天我们都往里织进一根丝线，它就会变得越来越牢固，直到无法断裂，把我们牢牢地固定住。""播种行为，收获习惯；播种习惯，收获性格；播种性格，收获命运。"

遵守时间。信守时间是职业人的基本常识，如果经常迟到而不以为意，会给领导和同事造成此人办事不靠谱的印象，而严重的，会因为不守时而耽误大事。

忠诚企业。忠诚是指对企业的忠诚以及对自己职业的忠诚。当你选择了一个公司作为事业的起点，那么在这个组织一天，就要努力工作一天，为其创造价值。虽然忠诚不代表从一而终，但在企业里一天，就要对企业保持忠诚一天。

遵章守纪。任何企业都有它的一套管理制度，不管你喜不喜欢，作为新人，遵守制度是起码的职业道德。入职后，应该首先学习员工守则，熟悉企业文化，以便在制度规定的范围内行使自己的职责，发挥所能，千万不可认为处处顶撞和违反公司制度是一种英雄行为。

心海箴言　　人生中充满了考试，步出校门后再也没有人通知我们哪天几点到哪个考场去参加考试了，等待我们的，将是随时随地的考验。只有在这人生神神考验中保留下来的，才是我们真正的素质，才是我们最难能可贵的品德，才是能够成就我们伟大事业的人生基石！

心理测试

我的情商有多高？

测试题目：

要想知道你的情商有多高，请完成以下测验。每道题目有两个备选答案，分别是A同意、B不同意，请根据你的想法选择一个答案。

1. 你厌烦讨价还价，尽管你知道讨价还价能使你少花20元钱。

2. 你对自己几乎能使每个人高兴起来而感到自豪。

3. 你经常想知道别人是怎样看待你的。

4. 与你最好的朋友告诉你一些好消息相比，你更易受一部浪漫影片的感染。

5. 与你的恋人或者爱人发生争吵后，你能在他人面前掩饰住你的沮丧。

6. 当你的工作进行得不顺利时，你认为这是对未来的一个警告。

7. 在你最好的朋友开口说话以前，你就能分辨出他（她）处于何种情绪状况。

8. 当你的情况不妙时，你认为到了你该改变的时候了。

9. 当你担忧某件事时，你在夜里几个小时难以入睡。

10. 你认为大多数人必须更加努力而不要轻易放弃。

11. 假如你有一根魔棒的话，你将挥动它来改变你的外貌和个性。

12. 不管你工作多么尽心尽力，你的老板似乎总在催促着你。

13. 你不会担心环境的改变。

14. 你似乎是这样的一个人：对于周末去干什么，你总是能够提出很有趣的设想。

15. 你认为你的恋人或爱人对你寄予厚望。

16. 你认为一点小小的压力不会伤害任何人。

17. 你会把任何事情都告诉你最好的朋友，即使是个人隐私。

18. 你在工作中作出一个决定后，会担心它是否正确。

19. 尽管你知道自己是正确的，你也会转换这一话题，而不愿引来一场争论。

20. 你十分相信直率的谈话，并且认为这样能使一切事情变得更为容易。

计分与结果：

A-1分，B-0分。将你所得的分数累加起来。

16分或16分以上：你对你的能力很自信，即使愤怒时，你也能进行有效的自我控制，保持着彬彬有礼的君子风度。在控制你的情感方面，你是出类拔萃的，与他人相处也很融洽。

7~15分：你意识到自己和他人的情感，但有时忽视它们，不明白这对你的幸福是多么重要。你对下一步的提升和买一幢更漂亮的房子等事情的关心支配着你的生活。然而，无论实现多少物质目标，你仍然感到不满足。

6分或6分以下：你必须多一点对别人的关心，少注重自己，你喜欢打破社会常规，可能在短期内就会取得一定成果，但是人们不久就将开始抱怨于你。

第四节 永做弄潮儿

🍃 有两个和尚，他们分别住在相邻的两座山上的庙里。这两座山之间有一条溪，这两个和尚每天都会在同一时间下山去溪边挑水。突然连续一个月东边的和尚都没有下山挑水，西边的和尚便去探望他的老朋友。他很好奇地问："你已经一个月没有下山挑水了，难道你可以不用喝水吗？"和尚指着后院的一口井说："这五年来，我每天做完功课后都会抽空挖这口井，即使有时很忙，能挖多少就算多少。如今终于让我挖出井水，我就不用再下山挑水，我可以有更多时间练我喜欢的太极拳。"

把握下班后的时间挖一口属于自己的井，培养自己另一方面的实力。将来当我们年纪大了，体力拼不过年轻人了，依然还有水喝，而且还能喝得很悠闲。

不管你是基层员工还是担任主管职务，为了适应社会的变化，为了生存和职业的发展，为了自我生命的完善，都要根据自身特点进行持续学习，保持学习的习惯，随时为自己的竞争力加值。学历与学力的区别何在？学历是你学习的经历，只代表过去。而学力才是你职场发展的加油站，它代表了你学习的能力。

学习有那么重要吗？

调查显示，一个人所拥有的全部知识一年之后就会折旧80%。如果不通过平时持续学习的积累，一旦工作提出越来越多的要求时就无法再胜任。

好的学习方法有哪些？

1. 确定恰当的目标期望值

教育心理学中有一个"跳一跳，够得着"原则：设定目标就像摘苹果。只有跳起来能摘到苹果时，人才愿意用力去摘。倘若跳起来也摘不到，人就不跳了。如果坐着能摘到，无须去跳，便不会使人努力去做。因此，要设置恰当的期望值。

2. 制订学习计划

凡事预则立，不预则废。做什么事有了计划就容易取得好的结果，反之则不然。有没有学习计划对学习效果有着深刻的影响。通过计划合理安排时间和任务，使自己达到目标，也使自己明确每一个任务的目的。

为了能让青工快速成长，少走弯路、错路，从而以最快的速度从一名新工转变为一名成熟的技术人员，国网四川省电力公司广安供电公司继电保护班采取了通过缺陷分析培训促提高的措施。从2006年起，继电保护班便把日常工作中的缺陷处理梳理出来，并编印成册，定期进行学习分析，一直坚持到今天。继电保护班开展针对个人特点的差异化培训，每个班员必须针对自己的技能水平、文化程度，制订有针对性的个人培训计划，并适时开展培训工作。真正做到"干什么，学什么，缺什么，补什么"，全面改变了过去所有人员的培训内容千篇一律的现象，针对性更强，效果更明显。

确定学习的时间。成功学习的秘籍在于坚持不懈地努力学习。每天不间断地学习20分钟，比到周末挤出几个小时一次性完成一周学习任务的效果要好很多。

设定学习道路上的小目标。将一个大目标科学地分解为若干个小目标，落实到具体的每天、每周的任务上，正是实现目标的最好方法。

3. 培养学习意志

很多人都希望成为一个持续不断学习的终身学习者，但是似乎他们总也做不到，有趣的创意和学习机会总是擦肩而过。这其中有很多原因，其中重要的一点是缺乏学习意志。顽强的学习意志不是先天就有的，而是在长期的学习过程中培养出来的。一要从点滴做起，按计划完成自己的各项学习任务。在自己的行动仍缺乏自觉性时，也可以采取适当的有意强制的方法，要求自己无条件服从。二要正确对待学习中的挫折和失败。三要持之以恒，百折不挠。学习意志的培养和锻炼不是一朝一夕的事，需要长期坚持不懈的努力，若没有坚持到底的恒心，则难以到达成功的彼岸。

没有时间怎么办?

很多员工说:"太忙了,根本没有时间学习!"他们被淹没在一片疲于应付的海洋中。事实上,大多数情况下,太忙都是由于不能有效管理时间造成的。实际工作中,浪费时间的症状主要表现为办事拖拉、穷于应付突发事件、上班漫谈聊天、事情做错、完美主义办事、不分轻重缓急、重复用工等。

如何有效地管理时间? 一是做该做的事,二是正确地做事。所谓做该做的事,就是把时间集中到最能促成目标达成的任务上,尽量减少做那些对目标没有贡献的任务的时间。所谓正确地做事,就是用合理的时间完成任务,把该做的事做好。

26岁的黄鹏,一个80后研究生,2011年毕业于东北电力大学,国网四川电力送变电建设公司新员工。一毕业,就被派去西昌—沐川500千伏输电线路项目部施工三队学习。初生牛犊的他,感觉自己就像一张白纸,虽然课本知识掌握得比较好,但在施工现场不懂的东西太多。学习期间,他天天往山上跑,三队没有施工的时候,就跑四队,总之不让自己闲着。从基础工程建设到立塔,到和高空师傅学习爬塔,遇到安全、质量方面的问题,实在解决不了,就带着问题回项目部问经验丰富的老师。

　　2012前春节前，黄鹏被派担任110千伏甘孜—石渠新建线路工程1标段施工队队长。"不懂就问，三人行必有我师"。黄鹏把每一位有经验的领导、队长、施工工人都当作老师，虚心请教有经验的师傅，潜心学习施工技术和管理方法。

　　如果说，刚毕业时的黄鹏在现场施工、管理经验方面是一张白纸，那么现在的他处理起施工事务已经逐渐游刃有余。项目上的每一位同事都或多或少给予帮助，他们会耐心地解释黄鹏问的每一个问题，直到他弄懂为止。施工队工人都是比较有经验的师傅，黄鹏虽然是队长，但他都会虚心向他们请教技术方面的问题。

心海箴言　　变化总在发生，如果你不改变，你就会被淘汰；尽快适应变化，越早放弃旧的奶酪你就会越早享用到新的奶酪。

小贴士

解决工作拖延的五种办法

办法一：找一个梦想，或者至少是你特别想要的某个东西。

办法二：现在就做，JUST DO IT NOW！许多人习惯于"等待好情绪"，花费很多时间"进入状态"，却不知状态是干出来而非等出来的，最佳时机是需要把握的。"开始就是成功的一半"。

办法三：冷盘切割技术。假如你买了一根意大利腊肠，很显然不能一次把它吃完，于是要把它切成薄片。做事情也是这样。当你遇到太大、太难的任务时，会习惯于拖延。但是如果把它分成小块，一次做一点，做起事情来就不会那么费劲，而且一点一点，最终你会把整件事情都做完。

办法四：限时办事技术。克服"办事拖延"的弊习，规定在限定时间内（如4小时、8小时、当天）报告处理结果。

办法五：奖励自己。不要只是一件一件事地做个不停，要不时地给自己一点奖励。当你做完一件富有挑战性的工作时，奖励自己一部电影、一件新衣服、一本好书或者其他你喜欢的东西。这样你就可以保持主动性了。

第二章
绘就你的生命地图

每个人的人生与自己的生涯规划发展有着密切的关系。有目标的人才能抗拒短期的诱惑，有目标的人才会坚定地朝着自己的方向前进，有目标的人才会感觉充实。做自己喜欢的事情，做到极致，最容易成功，很多时候失败的人不代表没有能力，而是角色定位的失败，每个人只有找准自己的角色定位才能取得最大的成功。个人职业生涯规划正是对个人角色有效定位的最佳方式。

第一节 不要做职场的"苦行僧"

🦋 有四只毛毛虫，各自去森林里找苹果吃。

第一只毛毛虫不知道这是一棵苹果树，也不知树上长满了红红的可口的苹果，更不知自己到底想要哪一种苹果，也没想过怎样去摘取苹果。它也许找到了一只大苹果，幸福地生活着；也可能在树叶中迷了路，过着悲惨的生活。不过可以确定的是，大部分的虫都是这样活着的，没想过什么是生命的意义，为什么而活着。

第二只毛毛虫知道这是一棵苹果树，也确定它的"虫"生目标就是找到一只大苹果。但它并不知道大苹果会长在什么地方。它猜想：大苹果应该长在大枝叶上吧！于是就慢慢地往上爬，遇到分支的时候，就选择较粗的树枝继续爬。最后终于找到了一只大苹果，这只毛毛虫刚想高兴地扑上去大吃一顿，但是放眼一看，它发现这只大苹果是全树上最小的一个，上面还有许多更大的苹果。

第三只毛毛虫研制了一副望远镜，找到了一只很大的苹果。

它从大苹果的位置，由上往下反推至目前所处的位置，记下这条确定的路径。最后这只毛毛虫应该会有一个很好的结局，因为它已经有自己的计划。但是真实的情况往往是，因为毛毛虫的爬行相当缓慢，当它抵达时，苹果不是被别的虫捷足先登，就是早已熟透而烂掉了。

第四只毛毛虫带着望远镜观察苹果，它的目标并不是一只大苹果，而是一朵含苞待放的苹果花。它计算着自己的行程，估计当它到达的时候，这朵花正好长成一只成熟的大苹果，它就能得到自己满意的苹果。结果它如愿以偿，得到了一只又大又甜的苹果，从此过着幸福快乐的日子。

其实我们每个人就是一条毛毛虫，而苹果就是我们的人生目标——成功。爬树的过程就是我们职业生涯的道路。毕业后，我们都得爬上人生这棵苹果树去寻找未来，完全没有规划的职业生涯注定是要失败的。

中国古训说："只要功夫深，铁杵磨成针。"为什么铁棒一定要磨成针呢？社会需要针，难道就不需要铁棒吗？我们天生是不一样的，你是"铁棒"我是"针"，你和我一样有用武之地，你当一流"铁棒"，我当一流"针"，为什么一定要让"铁棒"变成"针"去做"针"的事情呢？

"本人欲寻求印刷师的职位，印刷厂中的任何职位我都能胜任。本人可以担任任何领域的教师职位。本人还可以教授绘画、写作、地理、测量和其他很多学科。由于有过做传教士的经验，所以本人可以给他人讲授深刻的神学知识。此外，本人还可以成为牙医或足病医生的得力助手。本人也愿意做一名男低音或男高音歌手。"这个求职者一直没有等到任何愿意招收他的消息。直到他在那则求职广告下面加了一行字："附注：本人可以从事低于一般薪水水平的锯木工作。"

人们常说：一个人放对了地方就是人才，放错了地方就变成蠢才。这是对成功第一定律的生动阐述。你的性格决定你的职业定位，决定你从事什么职业成功的机会大、从事什么职业成功的机会小。明确这个定位就是职业规划。

什么是职业规划？

职业规划是针对个人职业选择的主观和客观因素进行分析和测定，确定个人的奋斗目标并努力实现这一目标的过程。职业生涯规划要求根据自身的兴趣、特点，将自己定位在一个最能发挥自己长处的位置，选择最适合自己能力的事业。职业定位是决定职业生涯成败最关键的一步，同时也是职业生涯规划的起点。

对于个体来说，职业生涯规划将影响其将来事业的成败以及一生的幸福；对社会而言，个人择业是否适当，能决定社会人力供需是否平衡。如果每个人都适才适所，那么，不仅每个人都有发展的前途，而且社会亦会欣欣向荣；相反，则个人贫困，社会问题丛生。

为什么要做职业规划？

职业规划主要有两个目的：

第一个目的是找到适合自己的工作。找工作最重要的就是要人岗匹配，适合自己。每个工作都有长处和短处，每个人都有优势和劣势。先要弄清自己想要干什么、能干什么，自己的兴趣、才能、学识适合干什么。

第二个目的是通过规划求得职业发展，制定出今后各个阶段的发展平台，并且拿出攻占各个平台的计划和措施，然后对切入点所在的市场状况、行业前景、职位要求、入行条件、培训考证、工作业务、薪酬提升、行业英语等运作进行详细的了解，如：要上每个平台，需要多长时间、补充哪些知识，增加哪些人脉等，而自己则沿着主干道去充电，几年后成为业内的精英，从而使自己的薪水和职位得到提升。

要做多长时间的规划？

职业生涯规划的期限一般分为短期规划、中期规划和长期规划。短期规划为三年以内的规划，主要是确定近期目标，规划近期完成的任务。中期目标一般为三至五年，在近期目标的基础上设计中期目标。长期目标其规划时间是五年至十年，主要设定长远目标。

心海箴言 一个人若是依循着某条轨道前进，那总会在某处有个终点。向着某一天终于要到达的那个终极目标迈步还不够，还要把每一步骤看作目标，使它作为步骤而起作用。

心理测试

我善于规划自己的人生吗?

测试题目:

计划人生的重要性非比寻常。有的人善于自己规划,而有的人做事却全凭三分钟热度。你属于哪一种呢?

1．朋友邀你参加周末的公司旅游,你会说:
   A．"好吧,车站见。"
   B．"让我考虑一下再告诉你去不去。"
   C．"我很想去,可是我还有别的安排。"

2．你正在欣赏高山滑雪的风光片,你希望自己成为哪一组电视镜头里面的主角:
   A．滑雪者时常腾空而起,做出系列惊险而刺激的动作。
   B．滑雪者偶尔绕过一些灌木丛,做几个小跳跃。
   C．滑雪者像一只谨慎的兔子,选择最安全的路径滑行。

3．一般会制订未来多长时间的计划:
   A．几天。你喜欢灵活地安排个人生活,说不准什么时候有好玩的事呢。
   B．几周。你习惯安排得长远一些,避免麻烦。

C. 几小时。好玩的事情随时会出现，计划没有变化快。

4. 第一次约会结束，男朋友友好地吻过你的脸颊后慌忙跑开了，你想：

A. 他很兴奋。

B. 他有点害羞。

C. 他很喜欢我。

5. 你有了一个新的工作机会，新公司承诺给予比现在更高的薪水，你是否会接受：

A. 不会。高薪虽然诱人，但目前工作稳定，而且承诺有时不会兑现。

B. 当然会。可以赚这么高薪水的良机难得。

C. 三思而行。看看新工作是否同你未来的职业规划相吻合。

6. 去外国餐馆，你怎样选菜：

A. 专门挑选那些以怪诞字眼命名的外国佳肴。

B. 全部选择大众口味的。

C. 有限地选择几个，再请服务生推荐一些。

7. 在公司例会上，老板突然请你谈谈工作想法，你会：

A. 赶紧开动大脑程序，快速思考。

B. 打开你早已准备好的笔记本。

C. 把前面同事的想法适当地引入自己的发言中。

8. 你曾经有过因一时冲动而作出荒唐决定的经历吗：

A. 偶尔有过。

B. 每周至少有一次。

C. 从没有过。

9. 你与朋友不知选哪个地方游玩好，他闭上眼睛用手指身边地图中的某个位置，你：

A. 无所谓，哪里都行。

B. 希望他指向你想去的地方。

C. 十分兴奋地等待命运来决定。

10. 你曾经将刚认识不久的异性朋友带回家过吗：

A. 只有一次，当是我的家人。

B. 经常，有好几次了。

C. 没有，那样做很不明智。

计分与结果：

A-0分，B-1分，C-2分。

5分以下：无论眼下你正在做什么，只要你喜欢的事物出现，你随时会被诱惑而去，哪怕它是一种冒险游戏。你惯于走任性冲动的路线，所以没少尝摔跤的滋味。

6~10分：你的生活偶尔也会有计划，但很少能将之付诸实践，计划外的娱乐常常出现。当外界诱惑太强时，往往无法抵抗。

11~16分：你会制订生活目标，但不会很长远，对你来说，能够计划的未来只是不远的明天而已。缺乏长远眼光和未来规划。

　　17分以上： 你是一个非常会制订计划的人，并且能严格地将之付诸实际行动。做事之前首先会着眼于未来，三思而后行。顾虑过多，错失良机。

第二节 只缘身在此山中

🌱 有两兄弟郊外爬山归来。结果公寓电梯停电。他们恰恰住在顶楼50层。没有别的选择，他们就背着一大包行李开始往上爬。到了20楼的时候，弟弟提议说："哥哥，行李太重了，不如这样吧，我们把它放在20楼，我们先上去，等大厦恢复电力，我们再坐电梯下来拿吧？"于是，他们就把行李放在20楼，继续往上爬。

终于，50楼到了。到了家门口，哥哥长吁一口气，摆了一个很酷的姿势："弟弟，拿钥匙来！"弟弟说："有没有搞错？钥匙不是在你那里吗？"好，大家猜猜发生了什么事？正确，钥匙还留在20楼的登山包里！

这个故事其实是在反映我们的人生。

二十岁之前，我们活在家人、老师的期望之下，背负着很多压力，不停地做功课、考试、升学，就好像是背着一个很重的登山包，加上自己也不够成熟和有能力，所以走得很辛苦。

二十岁以后，从学校毕业出来，踏上工作岗位，开始自己的职业生涯，自己喜欢做什么就做什么，想怎么做就怎么做，就好像是卸下沉重的包袱。

到了四十岁，人到中年，发现青春早已逝去，但又有很多遗憾，于是开始抱怨，嫌老板不识货，怪家人不体恤，怨生活太不公平，后悔自己当初的选择……

到了六十岁，发现人生所剩不多，于是告诉自己，不要再埋怨了，就珍惜剩下的日子吧。到了生命的尽头，突然想起：好像有什么忘记了。是理想、抱负！他们都被留在了二十岁。

想一想，是不是也要等到四十岁、六十岁之后才来追悔"时间都去哪了"？想一想，我们最在意的是什么？想一想，希望将来的自己和现在有哪些不同？是不是可以做些什么来不让这个遗憾发生呢？

每到年末，我们经常有这样的感慨："唉！忙活了一年，整天忙忙碌碌，到年底回头看看，却不知道自己忙了些什么！"我们每天都在低头忙于工作，忙于具体的事务。有没有时间停下来，爬到另一座山头，总览一下自己的整个职业历程呢？

我为什么而工作？

有人问三个砌墙的工人："你们在做什么呢？"

第一个工人没好气地嘀咕："你没看见我正在砌墙吗？"

第二个工人有气无力地说："唉，我正在做一项每小时9美元的工作。"

第三个工人哼着小调，欢快地说："你问我啊，朋友，我不妨坦白告诉你，我正在建造这世界上最伟大的教堂！"

第三个工人最终成为一位伟大的建筑大师！而前两位工人却一生都在砌墙。

第一个工人把工作当苦差，第二个工人把工作当饭碗，第三个工人把工作当使命。你是第几个工人？

工作 = 苦差
工作 = 饭碗
工作 = 使命

职业规划先要确立一个支点，这个支点就是：我为什么而工作。职业规划有三个层次的支点：生存支点、发展支点和兴趣支点。

生存支点：把薪酬作为主要导向。关心能不能找到薪酬更高的工作，常常忽略自身成长。遇上职业瓶颈，薪酬没了增长空间，而技能又没学到多少，身价便会每况愈下。

发展支点：以自身的进步作为导向。即使所从事的职业并不特别喜欢，薪酬也并不特别高，也会努力做好。对这类人来说，从中获取的经验和技能最为重要。这些收获让你增值，帮助你实现未来事业上的成功。

兴趣支点：以快乐作为导向。并不一定在乎眼前的薪酬多少，也不在乎将来能获得什么地位与荣誉，能找到喜欢的职业，能享受工作的过程，就会对工作投入极大热情，忘却疲倦，甚至感到生命变得灿烂多彩。

确定支点既要考虑外部因素，诸如就业环境、家庭状况、自身发展情况等，又要考虑内部因素，诸如能力、专业知识、爱好、性格等。人生的目标在于追求生活的快乐。快乐地工作是我们的追求，而这种快乐并非贫穷的快乐，而是建立在无衣食之忧的基础之上。比尔·盖茨的钱多得用不完也还在工作。工作对他们而言并不是为了生存，而是一种快乐，这是职业规划的终极目标。

我处于哪个职业发展阶段？

一个人的职业生涯发展可分作五个阶段，把握住每个阶段可能出现的问题，提前规划，才能让自己掌握主动权，才可能成功。

第一阶段："青黄不接"阶段

工作1～3年是职业生涯"青黄不接"的阶段：你既不像毕业生那么"单纯"，又不像有四五年资历的职场人那样能"独当一面"，正处于"一瓶不满，半瓶晃荡"的状态。如果这段时间你能塌下心来，往往能够积累到宝贵的工作技能和坦然的职业心态。许多人"爱跳槽"的毛病往往都是从这个阶段"稳不住窝"开始养成的。

第二阶段："职业塑造"阶段

工作3～5年后，你就会逐渐步入"职业塑造"阶段：经过一段时期后，你的"职业性格特点"就暴露出来了：哪些是你擅长的地方，而哪些又是你不足的地方。于是你开始进入"职业塑造"阶段，对职业方向进行合理调整和矫正。

第三阶段："职业锁定"阶段

工作5～10年，随着对自身优劣势及性格特点的日渐清晰和不断的实践锻炼，你渐渐由"职业塑造阶段"走向了"职业锁定阶段"，开始认定"你是干哪一行的"了。在这个阶段，有的人积累了比较丰富的经验，承担起工作的责任，发挥并发展自己的能力，为提升或进入其他职业领域打基础。

第四阶段："事业开拓"阶段

工作10～15年，你的"职业"将成为终身的"事业"，意味着你开始从前期职业阶段中的技能、经验及资金积累走向人生事业的开拓历程。年龄和阅历已经将你推向了事业发展的起跑线。你跑也得跑，不跑也得跑，你要为自己而跑，你的家庭开始逼迫你为他们着想，你的事业心和成就感都决定了你要开始考虑自我了。

第五阶段："事业平稳"阶段

工作15年以后，你已经即将步入"不惑之年"，前期职业锁定阶段和"事业开拓"阶段已经为你留下了几多积淀。在这个阶段，你所需要的是如何使你的事业能够在平稳的过程中持续上升。你可能会感觉很累、很辛苦，不过你见得多了，承受压力的能力也增大了很多，于是你也就能游刃有余了。

心海箴言　　决定你是什么的，不是你拥有的能力，而是你的选择。

心理测试

我喜欢做什么工作?

测试题目:

下面列举了若干种活动,请就这些活动判断你的好恶。喜欢的,请回答"是";不喜欢的,请回答"否"。请按顺序回答全部问题。

实际型活动

1. 装配修理电器或玩具
2. 修理自行车
3. 用木头做东西
4. 开汽车或摩托车
5. 用机器做东西
6. 参加木工技术学习班
7. 参加制图描图学习班
8. 驾驶卡车或拖拉机
9. 参加机械和电气学习班
10. 装配修理机器

艺术型活动

1. 素描/制图或绘图

2. 参加话剧/戏剧
3. 设计家具/布置室内
4. 练习乐器/参加乐队
5. 欣赏音乐或戏剧
6. 看小说/读剧本
7. 从事摄影创作
8. 写诗或吟诗
9. 进艺术（美术/音乐）培训班
10. 练习书法

调研型活动

1. 读科技图书和杂志
2. 在实验室工作
3. 改良水果品种，培育新的水果
4. 调查了解土和金属等物质的成分
5. 研究自己选择的特殊问题
6. 解算术或玩数学游戏
7. 物理课
8. 化学课
9. 几何课
10. 生物课

社会型活动

1. 学校或单位组织的正式活动
2. 参加某个社会团体或俱乐部活动
3. 帮助别人解决困难

4. 照顾儿童

5. 出席晚会、联欢会、茶话会

6. 和大家一起出去郊游

7. 想获得关于心理学方面的知识

8. 参加讲座或辩论会

9. 观看或参加体育比赛和运动会

10. 结交新朋友

事业型活动

1. 说服鼓动他人

2. 卖东西

3. 谈论政治

4. 制订计划、参加会议

5. 以自己的意志影响别人的行为

6. 在社会团体中担任职务

7. 检查与评价别人的工作

8. 结交名流

9. 指导有某种目标的团体

10. 参与政治活动

常规型（传统型）活动

1. 整理好桌面和房间

2. 抄写文件和信件

3. 为领导写报告或公务信函

4. 检查个人收支情况

5. 打字培训班

6. 参加算盘、文秘等实务培训

7. 参加商业会计培训班

8. 参加情报处理培训班

9. 整理信件、报告、记录等

10. 写商业贸易信

计分与结果:

以上题目每回答一个"是"计1分，"否"计0分。得分最高的那一个类型即是你所喜欢的职业类型。

🦋 一天，泰莱神父去医院主持一位病人的临终忏悔，他到医院后听到了这样的一段话："仁慈的上帝！我喜欢唱歌，音乐是我的生命，我的愿望是唱遍美国。作为一名黑人，我实现了这个愿望，我没有什么要忏悔的。我还用歌声养活了我的6个孩子，现在我的生命就要结束了，我死而无憾。"

人应该怎样活才不会后悔呢？也许做到这两点就够了：做自己喜欢做的事；想办法从中赚钱谋生。

如何选择职业？

选择职业，从一定意义上说，就是选择了人生。如何选择职业？这就要了解职业规划三要素。即：爱好、性格和特长。

1. 我喜欢做什么

爱好应该放在职业生涯规划考虑的首位。因为只有你喜欢这个职业，你才可能去主动投入，只有你主动投入了你才可能有收获，才可能会取得成就。如果你不喜欢这个职业，所有的工作你都是在被动地接受，手到了心却没到，没用心自然不会获得好的结果。所以，当你决定从事某个行业时，你要问自己是否真的因为喜欢这个行业，还是抱着试试看的态度或其他原因。

米开朗基罗的父母认为从事艺术研究是极其丢人的事，他们极力反对儿子做任何有关艺术方面的事情，甚至会因为他在墙上和家具上画画而严厉地惩罚他。但是米开朗基罗的内心对艺术的向往是任何人都无法阻挡的，他对艺术的热情激励着他在圣彼得堡的建筑上、摩西的大理石雕像上、修道院的壁画上留下了传承千古的艺术作品。

2. 我适合做什么

每个人的性格都是不同的。有的人性格外向，善于言谈，人际关系能力强，喜欢在公众面前发表自己的言论；有的人则性格内向，忠厚老实，喜欢独立地去思考问题；有的人对事情执着，遇到挫折不气馁；有的人则脆弱，容易被失败击垮；有的人喜欢挑战性的工作，压力越大斗志越旺盛；有的人则喜欢安定平稳的生活，不能忍受过大的压力。先要分析自己的性格，一方面便于找到适合自己的岗位，另一方面可以提醒自己在工作中注意克服性格的不足。

3. 我擅长做什么

能力分为一般能力和特殊能力。一般能力如组织协调能力、观察力、沟通能力等。特殊能力如计算机、艺术、外语等。

奥托·瓦拉赫是诺贝尔化学奖获得者。在开始读中学时，父母为他选择了一条文学之路，不料一学期下来，教师为他写下了这样的评语："瓦拉赫很用功，但过分拘泥，难以造就文学之材。"此后，父母又让他改学油画，可瓦拉赫既不善于构图，又不会润色，成绩全班倒数第一。面对如此"笨拙"的学生，绝大部分老师认为他成才无望，只有化学老师认为他做事一丝不苟，具备做好化学实验的素质，建议他学化学。这下瓦拉赫智慧的火花一下子被点燃了，终于获得了成功。瓦拉赫的成功说明了这样一个道理：每个人的智能发展是不均衡的，都有智慧的强点和弱点，他们一旦找到了发挥自己智慧的最佳点，使智能得到充分发挥，便可取得惊人的成绩。后人称这种现象为"瓦拉赫效应"。

世界上没有完美的东西，自然也没有十全十美的人，每个人都有自己擅长的知识技能。有的人喜文，有的人喜理；有的人动手能力强，有的人操作能力弱；有的人思想跳跃跨度大，有的人逻辑思维能力强……分析自己学习过和掌握的知识技能，罗列出哪些是自己精通的，哪些是自己熟悉的，哪些是自己的弱项。然后再分析自己所从事的工作，胜任岗位要求需要具备哪方面的知识和技能，结合自己的实际，确认自己和岗位相吻合的条件，以及不足之处。只有做到上述这些方面，才能选择到你擅长的工作。

职业生涯通道

职业生涯通道是指组织为内部员工设计的自我认知、成长和

晋升的管理方案。员工职业生涯管理与组织的发展是相互促进的，设置职业发展通道，帮助员工规划职业发展，是组织应尽的责任和义务。

1. 纵向发展通道

纵向发展指传统职业通道，即员工职务等级由高到低的提升，直线向前，清晰地展示在员工面前，让员工清楚地了解自己向前发展的特定工作序列。纵向发展通道是电力企业员工的主要发展通道。表现为序列一：生产班组成员、技师、高级技师、班组专业工程师、技能专家；序列二：生产班组成员、生产管理人员、生产单位副主任、生产单位主任、职能部门主任。

2. 横向发展通道

横行发展又称横向职业通道，是指在组织中采取横向工作职位（同一层次不同职务）之间的调动，使员工迎接新挑战、焕发新活力、增进新技能。如：电力企业中的变电运行岗位与变电检修岗位之间调动；生产管理部门主任与综合部门主任之间调动等。横向发展可以发现员工的最佳发挥点，同时又可以使员工自己积累各个方面的经验，为以后的发展创造更加有利的条件。这种通道在电力企业员工以往实际职业生涯通道中所占比例不高，一般在3%~10%，主要需要员工自身素质高、知识面广、有较强的学习能力。

3. 网状发展通道

网状职业通道是纵向发展的工作序列与横向发展机会的综合交叉。它更客观地代表了员工在组织中的发展机会，减少了职业通道堵塞的可能性。对供电企业而言，如生产人员调整为综合管理人员等，虽然没有职务的晋升，但是却承担了更多的责任，有了更多的参与单位各种决策活动的机会。这一种通道在电力企业员工以往实际职业生涯通道中所占比例在10%～20%之间。

心海箴言

世上没有两片相同的树叶，大自然中绝对没有两个完全一样的人。每个生命都有不同的特质，这种特质就属于这个生命，也只能被这个生命所使用。选择那些真正符合自身天性、最喜爱的行业的人，不仅能够在岗位上充分发挥自身的潜能，而且能够闯出一片天地。

小贴士

人格类型与职业选择

类型	心理特点
经济型	注重实效，其生活目的是为了追求利润和获得财富。如实业家等
理论型	具有探究世界的兴趣，客观而冷静地观察事物，力图把握事物本质，尊重事物的合理性，重视科学探索，以追求真理为人生目的，如思想家、科学家等
审美型	对现实生活不太关注，富于想象力，追求美感，以感受事物的美作为人生价值，如艺术家等
权力型	倾向于权力意识和权力享受，支配性强，所有的生活价值领域都服务于其权力欲望，获取统领地位是他们的人生最高目标
社会型	关心他人，献身社会，助人为乐，以奉献社会为人生最高追求
宗教型	信奉宗教，相信神的存在，把信仰视为人生最高价值

A和B是大学同学。毕业工作三年期间，两个人都跳过槽。A毕业后进入一家卖电器的店做销售代理，工作中勤学好问，很快掌握了销售技巧，成为了卖场一名不错的销售员；一年之后，跳槽到规模更大的电器连锁店做组长；第三年，跳槽到国内知名的电器销售连锁店做部门的主管。B毕业后进了一家卖电讯器材的公司做销售员；一年后跳槽到一家网络公司做网管；第三年，换工作进了一家生产企业做办公室的文员。三年之后，A已经成为公司的骨干，担任部门的主管，每月的收入也在5000元之上；B还是公司的一般职员，收入只有2500元。

认真分析A、B两个人的经历可以发现：A一直在自己熟悉的电器销售行业工作，期间跳槽也是为了有更好的位置，B却没有找准自己的发展方向，在不同的行业跳来跳去，最后还是只能从事低岗位的工作。

如何做好职业发展规划？发展规划的目的绝不只是协助个人按照自己资历条件找一份工作，实现个人目标，更重要的是帮助个人真正了解自己，为自己订下事业大计，筹划未来，拟订一生的方向，进一步详细估量内、外环境的优势和限制，在"衡外情，量己力"的情形下设计出合理且可行的职业发展规划。

怎么做职业规划？

1. 自我评估

自我评估包括对自己的兴趣、特长、性格的了解，也包括对自己的学识、技能、智商、情商的测试，以及对自己思维方式、思维方法、道德水准的评价等。自我评估的目的，是认识自己、了解自己，从而对自己所适合的职业和职业生涯目标作出合理的抉择。

2. 职业环境的评估

"环境支持或允许我干什么？"在制定个人的职业通道时，要充分了解所处环境的特点、掌握职业环境的发展变化情况、明确自己在这个环境中的地位以及环境对自己提出的要求和创造的条件等。只有对环境因素充分了解和把握，才能做到在复杂的环境中避害趋利，使你的职业通道设计具有实际意义。

3. 确定职业发展目标

俗话说："志不立，天下无可成之事。"立志是人生的起跑点，反映着一个人的理想、胸怀、情趣和价值观。在准确地对自己和环境做出了评估之后，我们可以确定适合自己、有实现可能的职业发展目标。

4. 选择职业发展路线

在职业目标确定后，向哪一路线发展，是走技术路线，还是管理路线，是走技术+管理即技术管理路线，还是先走技术路线、再走管理路线等，此时要做出选择。由于发展路线不同，对职业发展的要求也不同。

5. 制订行动计划

落实目标的具体措施，主要包括工作、培训、教育、轮岗等方面的措施。可将职业目标进行分解，分解后的目标有利于跟踪检查。行动计划要对应相应的措施，要层层分解、具体落实，细致的计划与措施便于进行定时检查和及时调整。建立形成个人发展计划书档案，通过系统的学习、培训，实现就业理想目标。

6. 落实规划

制订好行动计划后，如何将其最终落实是每个规划制订者所必须考虑并面对的一个问题。一个好的计划若没有实施上的细则，就无法保证计划顺利进行。

7. 评估与回馈

影响职业发展的因素很多，有的变化因素是可以预测的，而有的变化因素难以预测。在此状态下，要使职业生涯规划行之有效，就必须不断地对职业生涯规划执行情况进行评估。确定哪些目标已按计划完成，哪些目标未完成。然后，对未完成目标进行分析，找出未完成原因及发展障碍，制定相应解决障碍的对策及方法。最后，依据评估结果对下年的计划进行修订与完善。如果有必要，也可考虑对职业目标和路线进行修正，但一定要谨慎考虑。

8. 坚持不懈走下去

世上没有不劳而获的事情，任何人的成功都不是偶然的，一定是有了很长时间的积累，一定是具备了一定的实力才能成功。认准了自己的目标，一定要坚持不懈地走下去，不管遇到什么挫折，都不要放弃，同时一定要认真学习，只有这样，才能获得成功。

认真把握入职前十年

刚踏入职场的前五年（25~30岁），可以视为"培育期"，一般可以按照公司中自己"目标前辈"的脚印走，选准一个榜样，借鉴他的经验教训。职业前几年中必须积累专业知识、沟通能力和管理经验；工作中首先要"学"，学会基本技能；同时善尽职责，让自己成为讨人喜欢的部属。不过，职场新人经常忽视这个阶段的重要性，放不下身段，态度不够谦恭，遇到小挫折或主管稍加严厉的要求，不是放弃就是叫苦连天。

工作五年后，开始进入成长期（30～35）岁，与上个阶段相比，这个阶段要求拥有基本技能后，成长期要继续往前跨越，延伸业务深度与广度，借此掌握专业技能，以备有朝一日独当一面。

光阴稍纵即逝，青春不再回头，唯有掌握每一阶段的关键，储蓄职业生涯资本，才能乐在工作，乐在人生。

心海箴言

不要高估自己的能力，不要低估职业的风险；

不要轻易放弃，坚持是职业发展的一把金钥匙；

不要闭门造车，寻找合适的帮助是一个不错的捷径；

不要以索取为职业目标，一分付出一分收获是游戏的规则。

心理测试

我是什么性格的人？

测试题目:

当你回答问题时，请想象你是身处于平常工作环境中的自己。这不是考试，没有对错，你只需依直觉诚实地回答。每个问题皆必须选出答案，且一定要各选出一个最符合自己的答案。

1. 在同事（同学）眼中你是：
   A. 积极、热情、有行动力的人。
   B. 活泼、开朗、风趣幽默的人。
   C. 忠诚、随和、容易相处的人。
   D. 谨慎、冷静、注意细节的人。
2. 你喜欢看哪一类型的杂志？
   A. 管理、财经、趋势类。
   B. 旅游、美食、时尚类。
   C. 心灵、散文、家庭类。
   D. 科技、事业、艺术类。
3. 你做决策的方式：
   A. 希望能立即有效。
   B. 感觉重于一切。

C. 有时间再考虑或寻求他人意见。

D. 要有详细的资料评估。

4. 职务上哪种工作是你最擅长的?

A. 以目标为方向,坚持不懈。

B. 良好的口才,能主动地与人建立友善关系。

C. 能配合团队,扮演忠诚的拥护者。

D. 流程的掌握,注意到细节。

5. 当面对压力时,你会:

A. 用行动力去面对它,并且克服它。

B. 希望找人倾诉,获得认同。

C. 逆来顺受,尽量避免冲突。

D. 重新思考缘由,必要时作精细的解说。

6. 与同事(同学)之间的相处:

A. 以公事为主,很少谈到个人生活。

B. 重视气氛,能够带动团队情绪。

C. 良好的倾听者,对人态度温和友善。

D. 被动,不会主动与人建立关系。

7. 你希望别人如何与您沟通?

A. 直接讲重点,不要拐弯抹角。

B. 轻松,不要太严肃。

C. 不要一次说太多,要给予明确的支持。

D. 凡事说清楚,讲明白。

8. 要完成一件事情时,你最在意的部分是:

A. 效果是否达到。

B. 过程是否快乐。

C. 前后是否有改变。

D. 流程是否正确。

9. 什么事情会让你恐惧?
　　A. 呈现弱点,被人利用。
　　B. 失去认同,被人排挤。
　　C. 过度变动,让人无所适从。
　　D. 制度不清,标准不一。
10. 哪些是你自认为的缺点?
　　A. 没有耐心。
　　B. 欠缺细心。
　　C. 没有主见。
　　D. 欠缺风趣。

计分与结果:

选1的答案最多:支配型性格较为突出。有自己的想法,且非常想成功,同时极善于让别人依他们的方法做事,具有支配能量高的人会做全盘考量。

选2的答案最多:影响型性格较为突出。沟通能力强,并对自己的社交能力很有自信。

选3的答案最多:支持型性格较为突出。对大多数组织而言是"纯金",因为他们不仅是忠诚的员工,也是可信赖的团队成员。

选4的答案最多:服务型性格较为突出。尽忠职守、谨慎、遵守他人之规定。

第三章
美德是人生最有价值的资源

对于每个人来说，美德是过有意义生活的基本要求。任何人都是社会的人，如果没有道德意识和道德自律，我们不仅无法与他人和谐相处，而且也难以正常地生活、学习和工作。因此美德并不是对人的约束，而是给人幸福和欢乐。美德是人生最有价值的一种资源，人的价值在于他的奉献和创造。人对社会有多大贡献，他就实现了多大的人生价值。在这个意义上，做一个道德高尚的人并不是吃亏。一个有道德的人愿意为国家、民族和人民的利益牺牲自己的利益，那么他的美德行为不仅能够促进他的人生发展，而且有利于实现他的人生价值。青年人应该在工作、生活中修炼更美的德行，成就自己的美丽梦想，让美德照亮自己的人生！

第一节 筑起道德的天梯

🌱 某跨国公司想重用一位刚从名校毕业的大学生，想让他去欧洲培训两年，回来后再委以重任。但就在即将去培训的前几天，总经理偶然走在该职员的后面，看到他将掉在道路中间的废纸踢向一边，而不是捡起来扔进废物桶里。这可是举手之劳啊！后来，总经理一连好几天都留意该员工的举动，他发现：午餐后，这名职员没有将用餐后的餐具放在指定的地点；他的办公桌上总是乱七八糟……于是，总经理很快作出决定，改变了原计划送去海外培训的名单。

一个连起码的日常准则都无法自觉遵守，甚至没有公德心的人，又怎么能成为一名出色的员工，怎么能对一个企业高度负责呢？

"道德是一条河流。"发生在我们身边的千千万万的动人故事，有如条条水波激滟、不断向前涌动的小溪，最终汇成爱心的大河，使千万颗心灵变得湿润而温暖，也推动社会向着正义与良知不断迈进。

道德可以分为个人道德、家庭美德、社会道德和职业道德。

个人道德

我们中华民族历来崇尚道德。无论是以孔子为代表的儒家思想，还是以老子为代表的道家思想，无不都以高尚的道德作为他们的至高境界。

善与恶是人类历史上最古老的道德范畴。人们把凡是有利于自己、他人和社会的行为定为善，反之，则为恶。"勿以善小而不为，勿以恶小而为之。"

一单身女子搬了家，晚上忽然停电，她赶紧点起了蜡烛。忽听有人敲门。原来是隔壁的小男孩，只见他紧张地问："阿姨，你家有蜡烛吗？"女子想：天哪，刚来就借东西，以后就更没完没了了！于是她冷冰冰地说："没有！"小男孩笑了，还带着一丝得意："我就知道你家没有！妈妈怕你害怕，让我给你送蜡烛来了。"

这则不足两百字的小故事，深刻地刻画了小男孩身上那种纯洁、善良的高尚道德。

家庭美德

汉文帝刘恒，汉高祖第三子，为薄太后所生。高后八年（前180）即帝位。他以仁孝之名闻于天下，侍奉母亲从不懈怠。母亲卧病三年，他常常目不交睫，衣不解带；母亲所服的汤药，他亲口尝过后才放心让母亲服用。他在位24年，重德治，兴礼仪，注意发展农业，使西汉社会稳定，人丁兴旺，经济得到恢复和发展，他与汉景帝的统治时期被誉为"文景之治"。

"百善孝为先。"历史上类似的故事数不胜数，卧冰求鲤、芦衣顺母、百里负米……可以说，"孝"是中华传统文化中最重要的道德标准。从整个道德体系来看，"孝"体现的是家庭道德，它是整个社会道德的一个重要组成部分，又是一定社会道德的具体体现。

社会公德

社会公德是社会生活中最简单、最起码、最普通的行为准则，是维持社会公共生活正常、有序、健康进行的最基本条件，是全体公民在社会交往和公共生活中都应该遵循的品德操守。

文明礼貌。文明是现代社会公德的基本要求。著名作家冯骥才有一篇著名的文章，题目是《公德》，讲述了几件小事：

在华盛顿艺术博物馆前的开阔场地上，一个身穿大衣的男人猫腰在地上拾废纸。当风吹起一块废纸时，他就像蝴蝶一样跟着跑，抓住后放在垃圾桶内，直到把地上的乱纸拾净，才拍拍手上的土，走了。这人是谁，不知道。

在芝加哥的音乐厅，休息室的一角是可以抽烟的，摆着几个面盆大小的落地式烟灰缸，里面全是银白色的细沙，是为了不使里边的烟灰显出来难看。大烟缸里没有一个烟蒂。柔和的细沙很柔美。我用手一拂，几个烟蒂被指尖挑起来。原来人们都把烟蒂埋在下面，怕看上去杂乱。值得深思的是，没有一个人不这样做。

好的带动好的，坏的传染坏的，善的感染善的，恶的刺激恶的，世上万事皆同此理。

　　助人为乐。在现实社会中，每个人都在一定的人际交往中生活，不可能人人都时时快乐、事事顺心，我们难免会遇到这样或那样的困难和问题。每个社会成员都不能孤立地生存，而在生活中遇到一些困难、矛盾和问题，不仅需要别人的关心、爱护，更需要别人的支持、帮助。

　　在人口众多的中国，不仅需要胡润慈善企业排行榜上的余彭年、杨澜、黄如论、牛根生、李书福等大慈善家们，更需要无数置身基层、随时随地输送爱心的"草根"人士或"准草根"人士。

　　赵永录，男，72岁，黑龙江省桦南县阎家镇桦木岗村村民。1960年，赵永录只身一人来到了倭肯河边开地种田。倭肯河桦南段人烟稀少，河上一直没有桥，常常发生村民因过河种地、上山砍柴溺水身亡的惨剧。看到一条条生命被河水无情吞噬，赵永录自己做了一条小船，开始义务为村民摆渡。这一摆就是54个春秋。

　　1998年发生百年不遇的特大洪水，赵永录用小船把附近受到洪水威胁的居民一家一户安全转移，等他回到自己的窝棚时，老伴已经被洪水逼到了炕上，再晚一会儿，炕就要被水泡塌了，后果不堪设想。

当一个人身处困境时，大家乐于相助，把别人的困难当作自己的困难，给予热情和真诚的帮助与关怀，这就是助人为乐。

爱护公物。随着社会现代化程度的日益提高，社会的公用设施，如公路、铁路、水电线路、通信设备、卫生消防设施等，能否受到妥善保护，使之发挥作用，都关系到人民群众的切身利益问题。可想而知，这些公共设施中的任何一项遭到破坏，都会使人民群众的利益受到损害，从而严重影响整个社会的稳定。所以，每个有责任心的公民，或者说有良心的人，是决不应当有意去破坏这些公共设施的。相反地，我们应当像珍惜与爱护自己的东西一样，去精心保护这些公物。

球是拍的一部分，拍是手的一部分，手是我的一部分。而鱼翅是鲨鱼的一部分，请不要食用鱼翅——没有买卖，就没有杀害。

——张怡宁

非法野生动物制品交易是濒危野生动物的杀手锏，但是我们可以出手相救，只要不购买非法野生动物制品，我们就可以成为赢家——没有买卖，就没有杀害。　　　　　　——丁俊晖

我们不应该害怕老虎，它们应该更害怕我们。由于人类的捕杀，它们濒临灭绝，老虎不应该成为我们的食品和药物，老虎属

于大自然，请帮助我们不要让2010年成为最后一个虎年。请抵制销售虎制品——没有买卖，就没有杀害。　　——成龙

——公益广告

遵纪守法。俗话说：没有规矩，不成方圆。法律是对公民行为的必要约束及规范，是对道德的补充。现代社会是法治社会，每个公民都必须具有很强的法治意识，有必备的法律知识，自觉维护法律的权威，认真执行各项法令、法规和各项规章制度。

遵纪守法，首先要知法，要认真学习法律知识，不断增强法治意识。搞清楚什么事可以做，什么事不能做，什么是法律允许的，什么是法律禁止的。其次要守法。第三要护法。有些人仍信奉"事不关己，高高挂起"，在违法犯罪行为没有危害到自己的利益时，就认为"与己无关"、不必去管"闲事"。如果人人都只考虑自己的安危，见恶不斗、见凶躲避，甚至目睹有人同犯罪分子搏斗时也不去相助，就会使邪气上升，使社会不得安宁。

心海
箴言　　道德常常能弥补智慧的缺陷，然而，智慧却永远填补不了道德的空白。

小贴士

社会主义核心价值观

　　2012年11月，党的十八大报告首次以24个字概括了社会主义核心价值观：

富强、民主、文明、和谐，

自由、平等、公正、法治，

爱国、敬业、诚信、友善。

第二节　人生从此与众不同

　　2013年5月29日，杭州长途客运二公司员工吴斌，驾驶客车从无锡返杭途中，突然有一块铁块像炮弹一样，从空中飞落击碎车辆前挡风玻璃砸向他的腹部和手臂。面对肝脏破裂及肋骨多处骨折，肺、肠挫伤，危急关头，吴斌强忍剧痛，换挡刹车将车缓缓停好，拉上手刹、开启双跳灯，以一名职业驾驶员的高度敬业精神，完成一系列完整的安全停车措施，确保了24名旅客安然无恙，而他自己虽经全力抢救却因伤势过重去世，年仅48岁。

　　据专业人士介绍，铁块砸向吴斌的理论速度至少每小时150公里。这种强烈撞击可以使肝脏大血管的出血量在瞬间达到五六百毫升。人们据此可以想象，吴斌在完成换挡、停车、拉上手刹、开启双跳灯等安全措施时，该具有怎样超乎常人的意志力！没有舍己为人的思想境界，没有高尚的职业道德，一切恐怕无从谈起。

刘金国这位副部级领导干部，30多年来始终坚守着纯粹的廉洁，有口皆碑。钟南山坚持着"说真话"的选择，对非典疫情、PM$_{2.5}$的危害实话实说，体现了知识分子的求真本色。吴孟超总是设身处地帮病人省下每一分钱，实践了"医者父母心"的情怀。"良心油条哥"刘洪安用新油炸油条，干良心活……我们身边，有着许多这样的人。

《中华人民共和国公民道德建设实施纲要》中明确指出："要大力倡导以爱岗敬业、诚实守信、办事公道、服务群众、奉献社会为主要内容的职业道德，鼓励人们在工作中做一个好建设者。"

爱岗敬业

爱岗敬业，就是"干一行爱一行"。

爱岗，就是热爱自己的本职工作，并为做好本职工作尽心竭力，培养对自己所从事工作的幸福感、荣誉感。一个人如果看不起本职岗位，心浮气躁，好高骛远，不仅违背了职业道德规范，而且会失去自身发展的良好机遇。

敬业，就是用恭敬严肃的态度来对待自己的职业。任何时候用人单位只会倾向于选择那些既有真才实学又踏踏实实工作，保持良好态度工作的人。只有养成干一行、爱一行、钻一行的职业精神，专心致志搞好工作，才能在平凡的岗位上创造出奇迹。

一粒种子，只有扎根泥土，拥有积极向上、破土而出的毅力，才有可能成为世上最美的花朵。国网青海省电力公司员工严建利就是这样一粒种子，自2004年陕西空军工程大学毕业，怀着对电网运维事业的钟情和挚爱，来到青海电力工作，从此扎根通信运维服务一线，兢兢业业，任劳任怨，用真诚与执着，用责任与奉献，不断诠释着一个青海电网人对信念的恪守，对企业的忠诚，对事业的追求，对社会的奉献。

从普通员工逐渐成长为一名班组长，严建利树立了"学习以恒，做事以敬，待人以诚"的管理理念，工作中十分注重学习与创新，一有空闲便钻研各种技术，工作中碰到疑点、难点问题从不放过，深入现场反复查看、与同事开展研讨、翻阅书籍，多方面积极寻找答案，很快成长为专业技术带头人。他带领的8人团队利用专业优势，搭建班组FTP资料服务器及班组网页，组建黄化光纤环网，建立电子图文台账，开展专业标准化管理，这些小小的创新不仅提升了班组专业技术，而且使班组基础管理水平迈上新台阶，开创了班组管理的新局面。2010年，他所在的运维一班荣获国网青海省电力公司"标杆班组"荣誉称号。

对严建利来说，最大的快乐和幸福就是把全部精力奉献给自己热爱的事业。"只有班组长起好带头作用，先做到一枝独秀，才能带起班组的满园芬芳。"严建利始终默默坚守在岗位上，一步一个脚印地前进着。

诚实守信

"诚实"，就是说老实话，办老实事，做老实人。在职业行为中最基本的体现就是诚实劳动。"守信"，就是信守诺言，讲信誉，重信用。在工作中严格遵守国家的法律、法规和本职工作的条例、纪律，对工作精益求精，注重产品质量和服务质量，并同弄虚作假的行为进行坚决的斗争。

2012年8月的一天，正值酷暑，一位70多岁的老伯来到英大证券华侨城营业厅，焦急地询问自己的股票业务。经了解，这位老伯所持有的一只股票最近刚刚实施了分红方案，但他在自己的账户内并未看到红利到账记录。一般情况下，只要客户的股票在股权登记日当天托管在营业部席位，红利派发是没有问题的。经过查询，老伯的账户内并没有他所说的这只股票。刘雪蕾以丰富的业务经验随即想到可能是股票托管出了问题，经了解，原来由于老伯操作不当，造成股份托管错误。刘雪蕾积极联系基金公司、登记公司、上市公司等有关单位寻求解决问题的途径，持续与上市公司进行反复沟通。最终，上市公司的联系人被她这种尊重客户、保障股东权益的精神所打动，主动配合联系登记公司和承销商，找到了解决方案。

作为金融行业，保证客户资金的安全是第一要务！把客户的钱当作自己的钱一样珍惜，用诚信换取客户的信赖，使客户说一声：把钱放在这里，我放心！

办事公道

诸葛亮挥泪斩马谡、黑脸包公铡美案，几乎家喻户晓，就是因为他们能秉公办事，公正执法。办事公道，就是要在办事情处理问题时，要站在公正的立场上，要求做到秉公办事，坚持原则，不以权谋私；按照同一标准和同一原则办事，即公道正派、不偏不倚、客观公正、公平公开。

在工作中，客服人员经常遇到繁杂的计算，比如客户询问办理分时电价划算还是不划算、临时用电客户超期后的违约金计算、房地产公司询问新建小区的费用概况等，在纸上演算或者用计算器按给客户看都是费时又费力的事情。国网扬州供电公司员工印斯佳利用自己熟知的规则和精通Excel表格的特长，制作了一系列简单、实用的Excel表格形式的固定算法，她为之命名"小精灵"。比如，客户提供总户号后，可从系统内调出他的用电情况填入以上表格公式中，这套算法将客户的电费按照分时电价与不分时电价分别计算，就可以自动相减得出结论。客户申请分时电价是否省钱一目了然。这套表格现在天天都用得上。再比如，批量收费速算，是根据所有新建小区可能的用电方案和对应的费用标准制作的表格，客户按用电类别、用电容量、用电性质提供申请信息，录入后可根据相应的标准迅速地得到申请费用，客户在申请时就可以知道费用情况。而对于违约金速算，该表格可自动算出违约金数额。

服务群众

一切依靠人民群众，一切服务于人民群众，是我们党的群众路线的重要内容。"些小吾曹州县吏，一枝一叶总关情"。把群众的要求当作责任承担起来，了解民情、掌握民意，给群众方

便，为群众办事，这是社会任何一个行业存在的根本理由。服务群众要求我们要深入实际、深入基层、深入群众，接地气、通下情，加强调查研究，虚心向群众学习，真正把功夫放在查实情、出实招、办实事、求实效上，把心思用在干事业上，凝聚群众智慧和力量，才能把工作做好。

国网西藏电力有限公司山南分公司营业所营业班深入学习国家电网公司企业文化，坚持"优质、方便、规范、真诚"的供电服务方针，不断增强服务意识，提高职工素质，积极提升优质服务水平，搞好用电服务工作，把满意写到客户的心坎上。

营业班的边巴始终知道，客户是一刻也离不了电的，而客户满意与否是衡量服务工作的最高标准。作为营业班资格最老的人员，她以身作则，主动服务客户，始终把五保户、敬老院和学校放在心里，坚守着定期上门服务的原则，收取电费，帮忙查看安全隐患，过年过节还带着礼物去问寒问暖，帮忙打扫卫生。

巴桑是营业班的业扩报装专责，负责山南分公司辖区内所有用户的业扩报装业务。泽当镇乃东居委会居住用户众多，这里的房屋分布凌乱，道路崎岖，村中没有一条像样的道路，有很多居民家中仍然没有用上电。村中已通电客户的表计由于使用时间过长，已经发黄失准，他看在心里，急在心上。一面向领导反映问题，解决资金，与相关部门协调，一面进行现场勘察，准备对乃东居委会进行全面改造。回来后又连夜研究乃东居委会的线路分布图。改造完成的那天，全村的男女老幼像过年似的燃放鞭炮来表达心中的喜悦。

巴桑曾说过："在这个市场经济的时代，能够有立足之地，能为社会为客户做一点贡献，是因为我有这个职业和技术，我很珍惜。当客户赞叹'营业所的服务确实没话说'的时候，我的心里热乎乎的。这就是把满意服务送给客户得到的最好回报！"

奉献社会

奉献社会，就是要履行对社会、对他人的义务，自觉地、努力地为社会、为他人做出贡献。当社会利益与局部利益、个人利益发生冲突时，把社会利益放在首位。奉献社会是一种对事业忘我的全身心投入，这不仅需要有明确的信念，更需要有崇高的行动。当一个人任劳任怨，不计较个人得失，甚至不惜献出自己的生命从事于某种事业时，他关注的其实是这一事业对人类、对社会的意义。这是职业道德的最高境界和最终目的。

2010年，吉林市遭遇了50年难遇的洪水灾害，国网吉林省电力公司吉林供电公司检修公司电缆运检中心带电作业班主要负责应急电源保障工作，接到上级的命令后，班组成员第一时间将发电车运往灾区最危险的地方，风餐露宿、跋山涉水，途中经历数次险情，大家克服自身和环境困难，力保发电设备完好。来到灾区，为迅速解决灾区缺电问题，发电车基本上保证发电20小时，他们每天都坚守在发电车旁，直至深夜。当所有人都已沉浸梦乡时，他们还在检查发电车的运行情况、负荷配比情况、油量储备情况。大家每晚都要轮流在发电车里值班，以备紧急事件发生。历经十多个日夜圆满完成灾区保电任务，为灾区民众重建家园送去了光明和希望。

第十二届全国冬季运动会于2012年1月2日至13日在吉林北大湖召开，带电作业班承担4台应急发电车、5台发电机的保供电任务。工班组成员顶风雪、战严寒，在零下30多度气温的艰苦环境中克服困难、勇挑重担，奋战12个日日夜夜，确保了运动会的顺利召开。

2012年4月6日，蛟河中兴煤矿发生透水事故，12名矿工被困井下，应急发电车带急速赶到，电班成员吃住在车内，坚持9个日夜，圆满完成抢险救灾任务，得到公司及市政府的一致好评。

心海箴言　兢兢业业的工作态度，是成就自己人生事业的基石！没有随随便便的成功，除非你只想成为一个随随便便的人。

心理测试

你的敬业精神如何？

以下是敬业精神缺失的十大表现，对照你的日常工作，你的敬业精神如何呢？

主要症状	主要表现
敷衍了事	事情做得差不多就行
频繁跳槽	这山望着那山高
循规被动	拨一拨，动一动
做事拖沓	在等待中完成工作
偏离目标	没有做正确的事情
抗挫力差	总觉得受到不公平的待遇
投机取巧	不愿付出相应的努力
虎头蛇尾	没有一件事情善始善终
推卸责任	为自己的失职找借口
眼高手低	不能扎扎实实地做事

🍃 曾子是孔子的弟子，有一次他在孔子身边侍坐，孔子就问他："以前的圣贤之王有至高无上的德行，精要奥妙的理论，用来教导天下之人，人们就能和睦相处，君王和臣下之间也没有不满，你知道它们是什么吗？"曾子听了，明白老师孔子是要指点他最深刻的道理，于是立刻从坐着的席子上站起来，走到席子外面，恭恭敬敬地回答道："我不够聪明，哪里能知道，还请老师把这些道理教给我。"

在这里，"避席"是一种非常礼貌的行为。当曾子听到老师要向他传授知识时，他站起身来，走到席子外向老师请教，是为了表示他对老师的尊重。曾子懂礼貌的故事被后人传诵，很多人都向他学习。

中华民族富有优良的文明礼貌传统，素有"礼仪之邦"的美称，几千年来，形成了一整套完善的礼仪规范。我们经常听说的家祭、顿首、九拜、膜拜、秦晋之好、举案齐眉等都是中国古代礼仪。

如今，人际交往日益频繁，人们已经把讲究礼仪看作自己走向社会的名片，广交朋友的法宝，生活和事业成功的基础。它作为社会文明的重要载体和标志，体现着人们的道德理想和精神追求，代表着人们的社会价值观和健康的生活方式。

礼仪的基本要求

加拿大全国调查，让面试考官对应聘者的形象进行5点量表的等级评定（1表示形象平平，5表示非常有吸引力）。结果发现，在形象上的得分每增加一个单位，每年平均能多赚1988美金。另外对MBA毕业生进行同样的调查，男士可多赚2600美元，女士则可多赚2150美元。

容貌在很大程度上取决于先天条件。但天生丽质的人总是少数，绝大多数人只是相貌平平。其实，美是可以追求的，美是可以再现的，美是可以创造的。塑造形象是现代社交礼仪的第一职能，良好的社交礼仪总能帮助你塑造出良好的个人形象。

礼仪的基本要求有：

1. 整洁的仪容

仪容主要指人的容貌，由发型、面容以及人体未被服饰遮盖的肌肤构成。

清洁。保持清洁是对仪容最基本、最普遍、最简单的要求。

修饰美。在某些场合，适当的美容化妆则是一种礼貌，也是自尊、尊人的体现。化妆的浓淡要根据不同的时间和场合来选择。在平时，以化淡妆为宜，注重自然和谐。

发型美。职场人员必须保持头发的干净、健康、秀美、清爽。

2. 得体的仪表

一位女推销员在美国北部工作，一直都穿着深色套装，提着一个男性化的公文包。后来她调到阳光普照的南加州，她仍然以同样的装束去推销商品，结果成绩不够理想。后来她改穿色彩淡的套装和洋装，换一个女性化一点的皮包，使自己显得有亲和力，着装的这一变化，使她的业绩提高了25%。

服装不是一种没有生命的遮羞布。服装无形中成为协调人际关系、提高工作效率、增加升迁机会的重要因素。

着装"TOP"原则。T即时间（Time），O即场合（Occasion），P即地点（Place），"TOP"原则即指在选择服饰时，要注意配合时间、地点、场合三个重要因素，否则会贻笑大方。

3. 规范的仪态

仪态，是人的姿势、举止和动作。规范的仪态有四个标准：一是仪态文明，要求仪态要显得有修养、讲礼貌，不应在异性和他人面前有粗野动作行为。二是仪态自然，要求仪态既要规则庄重，又要表现得大方实在。三是仪态美观，要优雅脱俗，美观耐看，能给人留下美好的印象。四是仪态敬人，是要求力禁失敬于人的仪态，要通过良好的仪态来体现敬人之意。

站立。在我们成长的过程中，常听到长辈们耳提面命地叮咛我们"站要有站相"。不过，大部分的人并不会特别去注意这一点，以至于很多人根本不懂得要如何"抬头挺胸"，保持正确的站姿。

坐姿。要求是"坐如钟"，即坐相要像钟一样端正。

握手。握手会给双方留下最初的印象。首先，握手是双方自愿行为，不能强求。其次，跟年长者或女士握手，对方如果没有伸出手，自己勿先伸手。再次，右手大拇指朝上，虎口张开，以便与对方的手相握。然后，握手用力应轻。最后，握手的时间不可超过3秒钟。

职场礼仪规范

1. 名片礼仪

递送名片时要用双手递送，应面带微笑，注视对方。名片正面朝上，并以让对方能顺着读出内容的方向递送。如果你正在座位上，应当起立或欠身递送，递送时可以说一些"我叫××，这是我的名片"或者"我的名片，请您收下"之类的话。

接收名片时应尽可能起身或欠身，面带微笑，用双手的拇指和食指压住名片下方两角，并视情况说"谢谢""能得到您的名片，十分荣幸"等。名片接到手后，应认真阅读后十分珍惜地放进口袋或皮包内，切不可在手里摆弄。

2. 介绍礼仪

在介绍中，特别值得注意的是遵守介绍的次序：尊者拥有优先知情权，即先把位低者介绍给位尊者，先把男士介绍给女士，

先把年轻者介绍给年长者。如把一位年轻的女同志介绍给一位德高望重的长辈，则不论性别，均应先介绍这位女士给长辈。在介绍时，最好是姓名并提，还可附加简短的说明，像职称、职务、学位、爱好和特长等。

3. 乘车礼仪

上下车的基本礼仪原则是"方便尊者，突出尊者"。一般是让尊者或客人先上，自己后上。为尊者和客人打开车门的同时，左手固定车门，右手护住车门的上沿（左侧下车相反），防止尊者或客人碰到头部，确认尊者和客人身体安全进车后再轻轻关上车门。下车时，我们先下，尊者和客人后下。

4. 用餐礼仪

外出用餐，尤其是外出赴宴或聚餐时，应适度地进行个人修饰。一定要准点抵达现场。严格地讲，抵达过早或过晚，均为失礼。在较正式的用餐活动中，一定要按照指定的桌次、位次就座。倘无明确排定，亦应遵从主人安排，或与其他人彼此谦让。一般而言，在入座时，应于主人、主宾之后就座，或与大家一道就座。

5. 会议礼仪

作为职场中人，参加会议是常见的工作内容。在参加会议之前，应衣着整洁，仪表大方，做好参加会议所需资料的准备。准时入场，进出有序，依会议安排落座。如果临时有事不能出席，必须通知对方。开会时应认真听讲，不要私下小声说话或交头接耳。发言应简明扼要。别人发言时，不要随便插话，在发言结束时，应鼓掌致意。没有特别的情况不要中途退席，即使要退席，也要征得主持会议的人同意，轻手轻脚，不影响他人。

公司员工基本礼仪规范

公司员工应自觉学习基本礼仪常识，提高文明素质，在日常生活和工作中，注意一言一行，树立公司良好形象。仪容仪表：整洁清爽，端庄大方；着装服饰：规范得体，便于工作；言谈举止：自然优雅，充满自信；接待交往：主动热情，把握分寸；接打电话：简明扼要，温和有礼；乘坐车辆：尊长优先，注意礼让。

心海
箴言　　　　礼貌不用花钱，却能赢得一切。

小贴士

常用礼貌用语口诀

初次见面用久仰，很久不见说久违。
问人姓氏说贵姓，回答询问用免贵。
认人不清用眼拙，向人表歉用失敬。
问人年龄用贵庚，老人年龄称高寿。
宾客来到用光临，欢迎顾客称光顾。
看望别人用拜访，答人问候用托福。
等候客人用恭候，迎接表歉用失迎。
客人入座说请坐，问人住址说府上。
邀请别人用赏光，招待不周说怠慢。
祝人健康说保重，送人远行说平安。
陪伴朋友用奉陪，中途先走用失陪。
别人离开用再见，请人不送用留步。
对方字画为墨宝，自己字画用拙笔。
表演技能用献丑，别人赞扬说过奖。
赞人见解用高见，自己意见为拙见。
请人批评说指教，求人原谅用包涵。
对方来信说惠书，自己住家说寒舍。
对方亲眷多带令，称呼己方常带家。
请人帮忙说劳驾，请给方便说借光。
麻烦别人说打扰，不知适宜用冒昧。

求人解答用请教，请人指点用赐教。
读人文章用拜读，请人改文用斧正。
求人办事说拜托，得人帮助说谢谢。
请人收礼用笑纳，辞谢馈赠用心领。
向人祝贺道恭喜，答人道贺用同喜。
送人照片说惠存，欢迎购买说惠顾。
希望照顾说关照，归还物品说奉还，
请人担职用屈就，暂时充任说承乏。
需要考虑说斟酌，无法满足说抱歉。
请人谅解说包涵，慰问他人说辛苦。

　　"我们的服务对象上至中南海，下到每一个山村，每一个灯头，每一个马达，每一个插座。"这是刘振亚董事长在公司第二届团代会开幕式上面对公司青年员工们说的话。

　　2011年4月29日，"你用电·我用心"成为国家电网新的大众传播品牌口号。"你用电"表明了国家电网公司的企业属性，"我用心"表达了企业实现自身价值和使命的态度。"你用电"与"我用心"的连通，将国家电网的核心业务与价值理念紧密结合，将社会公众的普遍诉求与企业的责任担当紧密结合，拉近了公司与用电客户、合作伙伴、社会公众之间的心理距离，真正为国家电网成功树立了理想的品牌形象。

　　铮铮铁汉的电力工人，一句简单的口号"你用电·我用心"，表现出对社会、对用户的侠骨柔情，也饱含了150万电力人在伟大中国梦、绿色国网梦中的深情。

每一幅愿景，都是我们国家电网人一个又一个平凡的梦想，更是我们国家电网人一滴又一滴汗水的汇集。我们是电力工人，保障人民用电是我们神圣的职责，将光明传递到每个角落，是我们永远的追求和坚定的信念。

你用电，我用心

爱心。文慧是国网山东济宁嘉祥供电公司8位"爱心妈妈"中的一位。8位女工就像点点星火，尽管小却燃起燎原之势。在这8位女工的影响感召下，众多职工加入到"爱心妈妈"团队里来，并由嘉祥供电公司扩展到济宁供电系统，352名职工结对461名儿童。济宁供电公司设立"爱心妈妈"工作室，成立"爱心妈妈"基金会，制定下发"爱心妈妈"活动制度及活动计划，建立结对帮扶档案，让"善小"理念真正落地，让"善小"在企业内外生根发芽。

"爱心妈妈"没有什么轰轰烈烈的突出事迹，只是些点点滴滴的小事，却有着润物细无声的感动。爱与爱相逢，会激发出更大的爱；善与善传递，会延伸出更长久的善。她们践行了公司的"善小"理念，传递的是一股向善、向上的力量，体现了公司央企的社会责任。

耐心。当我们是顾客时，我们都希望得到最好的服务！而我们在服务我们的客户时，有没有设身处地地为我们的客户考虑呢？

2011年5月的一天，国网黑龙江牡丹江市供电公司机车住宅营业大厅中，一位老人情绪特别激动，连喊带骂地说："51元100个电字!100个电字多少钱?为什么51块钱只卖给我99个电字?你们要是不给我解释清楚我就到你们的上级单位告你们!"由于是炎热的夏季，他浑身是汗，气得把自己的嘴唇都咬出了血。王海霞忙端来一杯水，劝慰道："老人家，别发火，有事您慢慢说，我帮您解决。来，您先坐下歇歇，喝杯水，消消气。"王海霞反反复复讲了不知多少遍、已是口干舌燥，一折腾就是三个小时，但老人还是没听明白。可是老人突然笑了，对王海霞说："姑娘，你别讲了，总之一个理儿，那就是51元钱，你们卖给我100个电字就完事了，你讲半天我还是不懂，不过我对你的态度很服气，你不厌其烦地讲了这么长时间，我很佩服你。我刚才态度不好你别计较，这事就这样了，再见!"

电力企业虽然同社会上其他服务行业一样，都具有社会公用性，但是由于电力应用的广泛性和电力供应的连续性，电力行业的社会服务性较一般服务行业更为突出，服务质量的要求也更高。因此，电力企业员工必须具有心系用户和对用户高度负责的优质服务意识，具有一人辛苦换来万人幸福的耐心，真心诚意为用户着想，满腔热情为用户办事，实实在在端正行业作风。

细心。电力企业是技术密集型企业，电力生产，安全第一。安全规程、技术规程、管理规程等电业规程，是在长期的电力生产实践和电力事故教训中总结出来的。严格遵守电力行业的规章制度是保证电力生产安全的主要措施。因此，电力企业员工必须具有严守规程和一丝不苟的工作作风，对工作认真负责，对技术精益求精。

作为客户服务工作的一线窗口，国网陕西省电力公司西安供电局市场及大客户服务部营业班率先提出了全员、全过程细致服务理念，推行"引导服务""专席服务""多语服务""亲情服务""专人服务""爱心服务""微笑服务"等全程跟踪服务法。其中，"引导服务"旨在为客户打造立体开放式引导平台，让业务办理更高效；"专席服务"整合优势资源及人员特长为客户提供绿色通道服务，让业务办理更专业；"多语服务"立足于西安国际化大都市的发展需求，让服务视野更宽广；"亲情服务"让客户感受如家般的温暖，让优质服务更贴心；"专人服务"让客户全程无忧，让业务办理更轻松；"爱心服务"则致力于履行社会责任，让服务更温暖……

齐心。电网是一个结构复杂、自动化程度高、内部各环节相互依存、相互制约的大系统，具有安全可靠和不能间断的特点，要求它的每一个子系统都必须保持准确无误，要求电力系统各企业之间、各生产和管理环节之间、不同岗位之间必须做到团结协作、密切配合。因此，电力员工必须具有大局意识，主动配合、团结一心，正确处理局部与全部、电业与社会、电业与用户的关

系，树立电网一盘棋的思想，把下道工序作为用户，自觉服从电网的统一调度指挥，尽心尽力做好本职工作，把用户作为上帝，以优质服务赢得客户，赢得市场，千方百计保证电网安全稳定运行，最大限度满足全社会经济、政治和人民生活的用电需要，促进电力企业稳定发展。

开心。阳光心态是使生命富有意义的法宝，是一个人走向崇高、实现人生价值最大化的助推器。同时，阳光心态又是快乐的源泉。

国网黑龙江电力有限公司的王清萍爱读书、爱思考是出了名的。她在大学时从一本书里看到美国有位学者总结了500名不同领域成功人士的成功奥秘，第一条就是这些人都有一个阳光的心态，令她拍案叫绝。王清萍们有一个响亮的口号——"服务至上，爱并快乐着"。当人们问她：为什么一般人"无心""不用心""粗心"的事，你们却如此有心、用心、细心呢？王清萍不假思索，脱口而出："因为我们有个法宝——阳光心态。"王清萍对此有着独到的理解："我很喜欢两句诗——你热爱生活，生活的阳光就为你送来灿烂；你热爱生命，生命的彩虹就为你送来最夺目的绿色。这两句诗道出了一个真谛，'爱'会使人快乐。"

共筑中国梦

中国梦散发着绿色的气息，因为它是科技之梦。以可再生能源为基础的绿色清洁能源，携以不断涌现的新式发输电技术，让未来的生活充满梦幻的畅想。

中国梦饱含着满满的暖意，因为它是优质服务之梦。亲切的一声问候，礼貌的一次交流，热情的一次服务，无时无刻不在传递着我们优质而温暖的服务。

中国梦流露着浓浓的真情，因为它是大爱之梦。忘不了肆虐的冰雪中，忘不了冰冻九尺的高原地区，忘不了天崩地裂残酷的地震中，电力铁军用青春与梦想构筑中国的电力大动脉。

中国梦撞击着创造的火花，因为它是革新之梦。多年前不曾畅想的小小的机器人竟然可以熟练地完成烦琐的机械操作，又有谁料到可以通过电的传输来解决运煤难的棘手问题呢？

艺术巨匠达芬奇是老老实实从画鸡蛋开始的；二万五千里长征是靠红军战士脚踏实地一步一个脚印走完的。作为一名新员工，即使不能长成参天大树做栋梁之才，不妨做一棵小草为青春献上一丝新绿；即使不能像海洋用宽阔的胸怀拥抱百川，不妨做一条小溪为孕育我们的土地捧上甘露。甘于平凡，努力奋进，我们依然可以有所作为。

心海箴言

国家电网公司员工守则

遵纪守法，尊荣弃耻，争做文明员工。忠诚企业，奉献社会，共塑国网品牌。

爱岗敬业，令行禁止，切实履行职责。团结协作，勤奋学习，勇于开拓创新。

以人为本，落实责任，确保安全生产。弘扬宗旨，信守承诺，深化优质服务。

勤俭节约，精细管理，提高效率效益。努力超越，追求卓越，建设一流公司。

小贴士

《你用电　我用心》

就让那声音传递我的微笑，
无论你在天涯海角，
无论春秋还是冬夏。
就让那声音代表我的微笑，
报答客户是我的骄傲。
95598！
用那真诚架起心桥，
让那微笑走进万家。
95598！
你用电用电，我用心用心，
我用心把光明守好！
就让那声音传递我的微笑，
无论你的姓氏名号，
无论工农还是商贸。
就让那声音代表我的微笑，
报效客户是我的自豪。
95598！
用那真诚架起心桥，
让那微笑走进万家。
95598！
你用电用电，我用心用心，
我用心把光明守好！

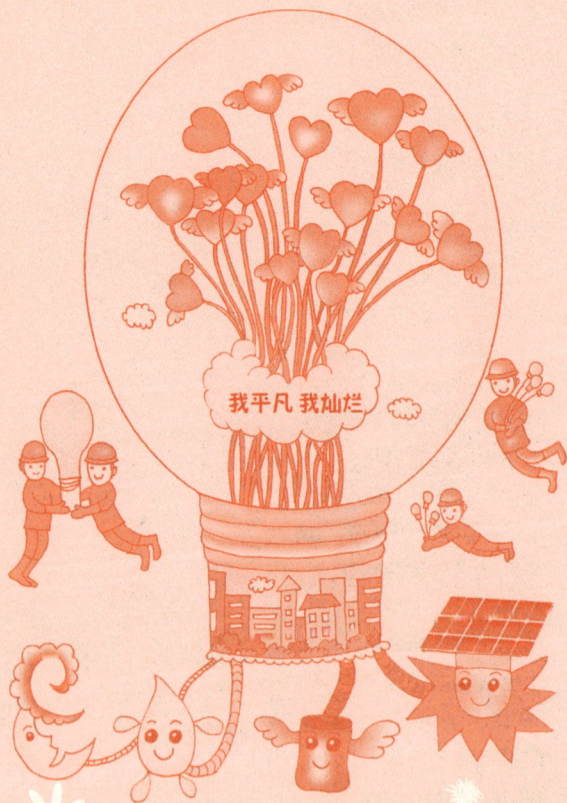

第四章
我平凡 我灿烂

我平凡 我灿烂

66 祖国有我，有一个创新的我，滔滔江河有我踏浪飞歌；祖国有我，有一个拼搏的我，群山巍峨有我日月跋涉。"作为国网员工，"建设世界一流电网，建设国际一流企业"就是我们的梦。

以"诚信"作为我们做人做事的根本原则。我们的一言一行都代表着国家电网的形象，我们的工作质量影响着千家万户的供电可靠性。可靠供电、精确计量、优质服务，事事关乎承诺，时时体现形象。

以"责任"作为我们尽职尽责的工作态度，坚持局部利益服从全局利益，以国家和客户为导向，提供安全、可靠、清洁的电力供应和优质服务，将这种责任感转化为我们的自觉行动，既是为国家负责、为企业负责，也是为自己负责。

以"创新"作为我们发展进步的不竭动力，全面推进理论创新、技术创新、管理创新、实践创新。在自己的岗位上务实工作，发现工作中的创新点，提高工作效率，更好地服务于国家、服务于人民。

以"奉献"作为我们体现价值的执着追求，把自己的本职工作当作一项事业来热爱，用实际行动去感染身边的每一个人。在抗震救灾、世博保电、奥运保电等工作中，身先士卒，积极奉献，为国家的安定与发展贡献自己的一份力量。

第一节　绽放你的心灵之花

　　一位顾客走进一家汽车维修店，自称是某运输公司的汽车司机。"在我的账单上多写点零件，我回公司报销后，有你一份好处。"他对店主说。但店主拒绝了这样的要求。顾客纠缠说："我的生意不算小，会常来的，你肯定能赚很多钱！"店主告诉他，这事无论如何也不会做。顾客气急败坏地嚷道："谁都会这么干的，我看你是太傻了。"店主火了，他要那个顾客马上离开，到别处谈这种生意去。这时，顾客露出微笑，并满怀敬佩地握住店主的手："我就是那家运输公司的老板。我一直在寻找一个固定的、信得过的维修店，我今后常来！"

　　面对诱惑，不怦然心动，不为其所感，虽平淡如行云、质朴如流水，却让人领略到一种山高海深。这是一种闪光的品格——诚信。

诚信，是企业立业、员工立身的道德基石。正所谓万丈基业以德为本，要成就你的人生、成就你的事业，你就必须具备正直、诚信的品德！

200多年前，美国一位著名经济学家在给一位年轻商人的信中，首次提出"时间就是金钱"的命题，同时也提出了"信誉也是金钱"的命题。对于前一个命题，我们经常引用，而对后一个命题，似乎不大提起。

"人无信不立。"人如果不讲信用，就没有基本的道德观念。不诚实守信，既不尊重别人，也不尊重自己。没有诚信，这个世界会是什么样子呢？孩子说谎、朋友违约、贪官吟哦不决、奸商东游西荡，到处充满尔虞我诈、钩心斗角。人类文明又怎能前进呢？

邓小平同志说："一切企业事业单位，一切经济活动和行政司法工作，都必须实行信誉高于

一切。"诚信与财富无关，但诚信远比财富重要。有的人富了，反而离诚信远了，离平庸近了；有的人很穷，却拥有了诚信，且时时都在践行。

对企业来说，诚信不仅是社会和广大用户对企业的要求，更是企业自身发展壮大的首要条件和立足之本。企业拥有诚信，标志着企业的成熟与发展，也是企业和企业家人格力量的表现。

计量中心是电力系统与客户之间的"秤杆子"。2006年，国网湖南省电力公司计量中心室内检定部三相班杨方刚刚当上班长时，有一些电表厂家的销售人员暗示她可以在规定的范围内把电能表的误差都调整为正误差，为企业创效益。她说，公平、公正是计量人员基本的职业素养和职业道德，确保电能表准确可靠是对企业和客户最大的忠诚。2008年，长沙城区范围全面开展台区集抄改造，大量的感应式电表被换成电子式电表，高精度的电子表让很多人认为表计不准，经常有客户带着记者跑到实验室来检测电能表，有些客户在看到合格的结论后仍不甘心，问是否在采购时对电能表厂家做了将表计调快的要求，当时杨方毫不客气就回答说，在她管理的范围内，绝对不会有这种事情。在面对申请校验的客户时，她都要求接待的检定员一定要向客户清楚交代他们的权利，如果对检定结论不满意，可以到省技术监督局授权的专门机构进行复检，并且在对窗口人员进行培训时，也要求他们一定要对客户尽到提醒的义务。一直以来她坚持检定这一环节的独立性与公正性，从不弄虚作假，从不推诿塞责，尽一切所能保证检定质量。

诚信为立人之本，是一种力量的象征，杨方以一名企业员工的本分之心赢得组织的肯定和同事们的赞誉，其身上凝聚的最朴实的诚信品质，是国家电网公司文化精神在个人身上的折射，是国家电网公司对客户、对社会诚信的缩影。

诚信企业是一个需要我们全体职工共同推进的奋斗目标！我们不能对此无动于衷，也不能空待诚信体系趋于完善，才释放自己心里那份微弱的诚信。心底坦荡天地宽。诚信为人，必能取信于人，立信于人，收获的一定是朋友；诚信做事，必能韧如江流，动如海啸，赢得的一定是信赖和尊重；诚信对待生活，才能挫之不馁，安之不躁，我们终将能取得成功。

心海箴言　信用仿佛一条细丝线，一时断了，想要再接起来，难上加难。

心理测试

我是个讲诚信的人吗?

测试题目:

下列题目分为6个测试主题,每个主题共有3个题目,请根据你的实际情况回答。

第一个主题:身边人群的诚信状况 (A-1分,B-2分,C-3分,D-4分,E-5分)

1. 在我身边背叛感情的人和事太多。
   A. 非常同意　　B. 比较同意
   C. 一般　　　　D. 比较不同意
   E. 非常不同意

2. 我在玩牌或麻将时,我的牌友中喜欢做小动作的人很多。
   A. 非常同意　　B. 比较同意
   C. 一般　　　　D. 比较不同意
   E. 非常不同意

3. 也许我太善良,我上的当是要比别人多一些。
   A. 非常同意　　B. 比较同意
   C. 一般　　　　D. 比较不同意
   E. 非常不同意

第二个主题：对社会奖罚机制的看法（A-1分，B-2分，C-3分，D-4分，E-5分）

1．现实生活中老实人总是吃亏。

　　A. 非常正确　　　　B. 比较正确

　　C. 一般　　　　　　D. 比较不正确

　　E. 非常不正确

2．社会上很多不法分子逍遥法外。

　　A. 非常正确　　　　B. 比较正确

　　C. 一般　　　　　　D. 比较不正确

　　E. 非常不正确

3．溜须拍马虽然是不对的，但却有很多人因此受益。

　　A. 非常正确　　　　B. 比较正确

　　C. 一般　　　　　　D. 比较不正确

　　E. 非常不正确

第三个主题：对社会主流行为是否诚信的看法（A-1分，B-2分，C-3分，D-4分，E-5分）

1．我发现大多数人认为"马无夜草不肥，人无横财不富"。

　　A. 非常同意　　　　B. 比较同意

　　C. 一般　　　　　　D. 比较不同意

　　E. 非常不同意

2．在我的熟人中被他人骗的事较多。

　　A. 非常同意　　　　B. 比较同意

　　C. 一般　　　　　　D. 比较不同意

　　E. 非常不同意

3．我认为大多数人都或多或少有违背道德的隐私，只不过他们不说而已。

    A．非常同意   B．比较同意

    C．一般   D．比较不同意

    E．非常不同意

第四个主题：人性观（A-1分，B-2分，C-3分，D-4分，E-5分）

1．我认为大多数人在不受惩罚的前提下，都会干损人利己的事。

    A．非常同意   B．比较同意

    C．一般   D．比较不同意

    E．非常不同意

2．有人说人类存在自私基因，你估计相信的人非常多吗？

    A．非常多   B．比较多

    C．一般   D．比较少

    E．非常少

3．我认为大多数人是十分容易受诱惑的。

    A．非常同意   B．比较同意

    C．一般   D．比较不同意

    E．非常不同意

第五个主题：面子观（A-5分，B-4分，C-3分，D-2分，E-1分）

1．"人活一口气，树活一张皮"，我对这个问题的认识是：

      A. 非常同意   B. 比较同意

      C. 一般   D. 比较不同意

      E. 非常不同意

2. 我认为名牌或高质地的服装对提升一个人的形象和身份：

      A. 非常重要   B. 比较重要

      C. 一般   D. 不太重要

      E. 毫不重要

3. 如果我家很小，带客人来家我会感到有伤自尊。

      A. 非常同意   B. 比较同意

      C. 一般   D. 比较不同意

      E. 非常不同意

第六个主题：胆量（A-5分，B-4分，C-3分，D-2分，E-1分）

1. 周围的人认为我很谨慎。

      A. 非常同意   B. 比较同意

      C. 一般   D. 比较不同意

      E. 非常不同意

2. 对投机性盈利活动我的态度是：

      A. 非常不喜欢   B. 不太喜欢

      C. 一般   D. 比较喜欢

      E. 非常喜欢

3. 独自一人到一个陌生的、没有熟人的小县城深夜12点坐出租车时我会感到：

A. 非常紧张　　B. 有点紧张
C. 一般　　　　D. 不太紧张
E. 毫不紧张

计分与结果：

按照计分方法将各主题得分相加。

第一个主题：分数越低，表明身边骗子越多。一般而言，假定受测者身边人群的骗子较多（3分），那么受测者本人不诚信的可能性也大。所谓"近朱者赤，近墨者黑"，就是这个道理。

第二个主题：分数越低，对奖罚机制越不认同。假如受测者认为在这个社会环境中不诚信能得到好处（3分），诚信要倒霉，那么他本人不诚信的可能性也大。

第三个主题：分数低是认为大多数人不诚信，分数高是认为大家都是诚信的。假如受测者认为社会大多数人是不诚信的，那么受从众心理的影响，受测者本人不诚信的可能性也大。

第四个主题：分数越低表明人性观偏向性恶论，假定受测者本人的人性观是性恶论，那么不诚信的可能性大。反之，受测者的人性观是性善论，那么诚信的可能性大。

　　第五个主题：分数低不太爱面子，分数高较爱面子。面子观较强的人，较易守信用。面子观较弱的人，他在撕毁诺言时内疚心理较轻。

　　第六个主题：分数低表明胆子大，分数高代表胆子小。胆小的人更易守信用，胆大的人更易打破规则。所谓胆大妄为就是这个道理。

第二节　不要做生命的懦夫

武汉市鄱阳街有一座建于1917年的6层楼房，该楼的设计者是英国的一家建筑设计事务所。20世纪末，也即那座叫作"景明大楼"的楼宇在漫漫岁月中度过了80个春秋后的某一天，它的设计者远隔万里，给这一大楼的业主寄来一份函件。函件告知：景明大楼为本事务所在1917年所设计，设计年限为80年，现已超期服役，敬请业主注意。80年前盖的楼房，不要说设计者，连当年施工的人，也不会有一个在世了吧？然而，至今竟然还有人为它的安危操心！操这份心的，竟然是它的最初设计者，一个异国的建筑设计事务所！

责任就是担当，就是付出。责任是做分内应做的事情，是承担应当承担的任务，完成应当完成的使命，做好应当做好的工作。

责任无处不在，存在于生命中的每一个角色。父母养儿育女，儿女孝敬父母，老师教书育人，学生尊师好学，医生救死扶伤，军人保家卫国。人在社会中生存，就必然要对自己、对家庭、对集体、对祖国承担并履行一定的责任。

在1968年墨西哥奥运会比赛中，最后跑完马拉松赛跑的选手，是来自坦桑尼亚的约翰亚卡威。他在赛跑中不慎跌倒，但他仍然拖着摔伤且流血的腿，一瘸一拐地跑。当他跑到终点的时候，其他选手跑完全程已很久了。在场的观众全体起立，为他鼓掌，为他欢呼。赛后记者问他："你为何不放弃比赛？"他说："我的国家派我自非洲绕行3000多公里来到这里，不是为了起跑，而是为了完成比赛。"他将国家赋予的责任，担负到了比赛的终点。

"职责、荣誉、国家"，这三个词一直是西点军校对学生百年不变的要求。其中，职责被放在了最前面。而西点军校也正是通过准时、守纪、严格、正直、刚毅的纪律要求，把每个学员锻造成为勇于承担责任的人。而这种责任感，也是优秀企业对领导人的最基本要求，是最值得挖掘和培养的领导素质。

责任是对自己负责。责任感的形成是一个人成熟的标志，无论你做什么事，都是为自己。如果一个人什么也没有做好，没有得到大家对他的认可，那么，他就是对他自己不负责任。

责任是对自己所在的集体负责。一个人的责任心如何，决定着他在工作中的态度，决定着其工作的好坏和成败。

责任是成就事业的可靠途径。有了责任心，再危险的工作也能减少风险；没有责任心，再安全的岗位也会出现险情。责任心强，再大的困难也可以克服；责任心差，很小的问题也可能酿成大祸。

2008年9月15日上午10点，拥有158年历史的美国第四大投资银行——雷曼兄弟公司向法院申请破产保护，消息瞬间通过电视、广播和网络传遍地球的各个角落。令人匪夷所思的是，德国国家发展银行通过计算机自动付款系统，向雷曼兄弟公司即将冻结的银行账户转入了3亿欧元。

人们不禁要问，短短10分钟里，德国国家发展银行内部到底发生了什么事情，从而导致如此愚蠢的低级错误？看看他们忙了些什么：

首席执行官乌尔里奇·施罗德：我知道今天要按照协议预先

的约定转账，至于是否撤销这笔巨额交易，应该让董事会开会讨论决定。

董事长保卢斯：我们还没有得到风险评估报告，无法及时作出正确的决策。

董事会秘书史里芬：我打电话给国际业务部催要风险评估报告，可那里总是占线，我想还是隔一会儿再打吧。

国际业务部经理克鲁克：星期五晚上准备带上全家人去听音乐会，我得提前打电话预订门票。

国际业务部副经理伊梅尔曼：忙于其他事情，没有时间去关心雷曼兄弟公司的消息。

负责处理与雷曼兄弟公司业务的高级经理希特霍芬：我让文员上网浏览新闻，一旦有雷曼兄弟公司的消息就立即报告，现在我要去休息室喝杯咖啡了。

文员施特鲁克：10∶03，我在网上看到了雷曼兄弟公司向法院申请破产保护的新闻，马上就跑到希特霍芬的办公室，可是他不在。我就写了张便条放在办公桌上，他回来后会看到的。

结算部经理德尔布吕克：今天是协议规定的交易日，我没有接到停止交易的指令，那就按照原计划转账吧。

结算部自动付款系统操作员曼斯坦因：德尔布吕克让我执行转账操作，我什么也没问就做了。

信贷部经理莫德尔：我在走廊里碰到了施特鲁克，他告诉我雷曼兄弟公司的破产消息，但是我相信希特霍芬和其他职员的专业素养，一定不会犯低级错误，因此也没必要提醒他们。

公关部经理贝克：雷曼兄弟公司破产是板上钉钉的事，我想跟乌尔里奇·施罗德谈谈这件事，但上午要会见几个克罗地亚客人，等下午再找他也不迟，反正不差这几个小时。

……

在这10分钟中，只要有一个人认真负责那么一点点，这场悲剧就不会发生。责任，就是勇担重任、尽职尽责的工作态度。有责任感可以创造奇迹。

工作无小事，把细小的事做得很到位，大事自然就做好了。一旦你踏上了一个岗位就选择了一份责任，拥有了一份使命。要承担职位赋予你的责任，就必须按时按质完成负责的工作，做到领导在与不在一个样。首先要清楚自己该承担的责任，明白自己该负哪些责任，自己的责任是什么。没有责任心的员工不是合格的员工，勇于承担责任才会被机会垂青。既然我们选择了一份工作，就要以事业之心做好它！

老子说过："大必出于细。"再伟大的事业都是由一系列小事构成的，没有小事就没有大事。什么叫不简单？把简单的事情日复一日、月复一月做到位，就是不简单！什么叫不容易？把容易的事情反反复复做到位，就是不容易！而我们面临的工作正是简单的、枯燥无味的重复重复再重复，面对这些我们更要踏踏实实地做好每一项工作，从小事做起，小事中看责任，责任中无小事！

公司在经济社会发展中担负着重要的政治责任、经济责任和社会责任。每一位员工都要坚持局部服从整体、小局服从大局，主动把这种责任转化为贯彻公司党组决策部署的自觉行动，转化为推进"两个转变"的统一意志，转化为推动工作的强劲动力，做到对国家负责、对企业负责、对自己负责。

2011年12月的一天，暴风雪袭击了萨尔阔布乡。傍晚时分，萨尔阔布供电所接到电话，"10千伏哈萨线跳闸，重合闸不成功，需进行巡线处理。"本来巡线可以在第二天等暴风雪停息后进行，但所里人知道10千伏哈萨线跳闸意味着什么，全乡将有2000余户居民要在黑暗中度过这个暴风雪的夜晚。于是，所长阿曼吐尔决定马上进行巡线。在安排好所里的工作后，他和所里2名员工带上工具，走出了大门……

安全是电力企业永恒的主题。"有了安全不一定有了一切，但没有安全就没有了一切。"

　　"要做好每一件事、每一项工作，重要的是要有责任心，要把责任放在首位！"这是国网吉林省电力有限公司长春供电公司榆树市农电有限公司城北供电所所长范文军常说的一句话。

　　城北供电所辖区商业用户8486户，其中，水果摊、肉食加工点、铁器加工焊接等小商铺是安全用电治理的重点，也是难点。由于是小本经营，商户对用电设备舍不得投资，经常会有超负荷或带病设备使用的情况，个别不良商贩甚至会私拉乱接偷窃电，所以，范文军和其他组员只能勤检查、多督促，每个月都要走几次，尤其重点节假日更是增加检查次数，没有责任心，根本

不能坚持下来的。很多时候，范文军更是要亲临现场，监督工作票执行情况，检查危险点，杜绝习惯性违章等事项发生。

　　作为一名电力工人，你的肩上将担负着怎样的责任？责任所在，重于泰山。推卸责任要不得，尽责守份是美德。责任关系着你自己，更影响着你身边很多很多的人！请时时看重自己担负的责任，做好自己的本职工作，努力成为一个受大家尊重的人！

心海
箴言　　一个人若是没有热情，他将一事无成，而热情的基点正是责任心。

——托尔斯泰

心理测试

责任心测试

测试题目：

假日到公园里享受悠闲时光，你通常会选择什么地方坐着来消磨时间？

1. 能看到人来人往的小径坐椅上
2. 柳树垂杨的湖畔边
3. 可以遮阳的凉亭内
4. 枝叶繁茂的大树底下

测试结果：

1. 选"能看到人来人往的小径坐椅上"

你时常会把许多大小事情揽在自己身上，有时不该是你责任范围的事，也不知为何全落到你的头上来。如果你是真心想担起责任的话，当然没问题，可是如果你每次都为莫名其妙就身负重任而苦恼不已的话，那你就得学习如何适时拒绝，或者表达出自己的反对意见。

2.选"柳树垂杨的湖畔边"

你还算是有责任感的人，但是并不会去承担一些不相关的责任。只要是自己分内的事，或者是自己捅出来的错误，你会站出来负责到底，找办法补救，但是如果有人希望你多负担点不属于你的责任，可能除非有利益引诱，才能够说动你呢。

3.选"可以遮阳的凉亭内"

有点小聪明的你，很懂得求救示警。每当有事情发生时，第一个会让你想到的解决之道就是找人帮忙，当然这也算是一种负责任的方式。不过可能会有些人觉得你不能负责，而想推卸给其他人。所以做事的时候，你应该表现出勇于负责的态度，先想办法自己解决，免得被批评。

4.选"枝叶繁茂的大树底下"

你最怕别人叫你负责，只要是必须肩负重责大任的工作，你总是会考虑再三，能不要就不要。但这并不是说你没有责任感，只是你觉得一旦答应他人，就应该负责到底。因此怕麻烦的你，总是希望能省一事就省一事。

第三节　这里风光独好

　　❧　一家公园里有两只天鹅，一只被剪去了一只翅膀，另一只则完好无损。剪去翅膀的天鹅被放在一个较大的水塘里，完好的一只被放在一个小水塘里。有人非常不解，就问管理人员为什么。他们说，这样能防止它们逃跑。因为剪去一边翅膀的会因为无法保持身体的平衡飞不起来，而小水塘里的会因为没有必要的滑翔距离而无法起飞。在震惊于他们的聪明和智慧的同时，我们不禁也感到非常的悲哀，为两只天鹅感到悲哀。今天，我们很多孩子已经变成了公园里那只被剪掉一只幻想的翅膀的天鹅，他们早早地被投进了那片小水塘，那片只有ABC的小水塘。

　　这是一位母亲状告幼儿园的辩护词。这段辩护词后来成了内华达州修改《公民教育保护法》的依据。现在美国《公民权法》规定，幼儿在学校拥有两项权力：一是玩的权力，二是问为什么的权力。这两项权力的列入是否与那位母亲的这场官司有关，不得而知。但是，有一点非常清楚，这一规定，使美国在科技创新方面始终走在世界的前列，使美国出现了比其他国家多得多的年轻百万富翁。

创造性思维是衡量一个人"聪明程度"的重要指标，也是区别年轻人事业发展水平的重要因素。

创造力高的人，能在短时间内想出数量较多的项目，即反应迅速而众多。现在也有很多综艺节目中竞赛项目的设计考查的就是人的创造性。比如：汉字书写大会中要求在规定的时间内写出所有偏旁为"宝盖头"的汉字，写得越多，说明创造性思维的流畅性较强。

用汉字组词，要求用最后一个字组成下一个新词，如国家、家庭、庭院、院落、落雨、雨水、水果、果树、树木、木材、材料、料理、理想、想念……

创造力高的人，其思维的变通性较强。他们在解决问题时能触类旁通，举一反三。大部分人容易受教育和生活经验的影响，产生功能固着，如盒子是装东西的，笔是写字的。在解决问题的过程中，人们能否改变事物固有的功能以适应新的问题情景的需要，常常成为问题解决的关键。

心理学家吉尔夫特设计出一种《非常用途测验》，用来测量人的思维的变通性。例如：在5分钟之内列出红砖的用途。结果一类被测试者只能列举出局限在建筑材料范围之内的例证，如：盖房子、建教堂、铺路面等，这些例证的变化范围极小，说明被测试者的变通性较差。而另一类被试则表现出较大的变通性，能列举出超出建筑类的各种非常用途，如：钉钉子、写字画画、垫枕头等。

人的传统思维就像一个框架，将解决问题的办法限制在一个范围内，思维的小鸟很难飞出这个笼子。而创造力高的人，能够在规则允许的范围内，废除这个笼子，寻求解决问题的办法。

请用四笔将下面九点连起来。

·　　·　　·

·　　·　　·

·　　·　　·

创新是员工梦想的起航。创新是一流人才和二流人才的分水岭。创新是企业的生命，是企业进步的灵魂。对于一个企业而言，创新可以包括很多方面：技术创新，体制创新，思想创新……技术创新可以提高生产效率，降低生产成本；体制创新可以使企业的日常运作更有秩序，便于管理，同时也可以摆脱一些旧的体制的弊端；思想创新能够保障企业沿着正确的方向发展，员工思想创新可以增强企业的凝聚力，发挥员工的创造性，为企业带来更大的效益。

"国家电网公司成功建设并安全运营了世界上电压等级最高、输送容量最大的1000千伏特高压交流试验示范工程和±800千伏特高压直流示范工程，在世界电网科技领域实现了'中国创造'和'中国引领'。"自主创新是"十一五"国家电网公司发展最突出的特征，也是提升公司核心竞争力和可持续发展能力的不竭动力。国家电网公司2010年专利申请量为3992项，比2005年增长了21.6倍；

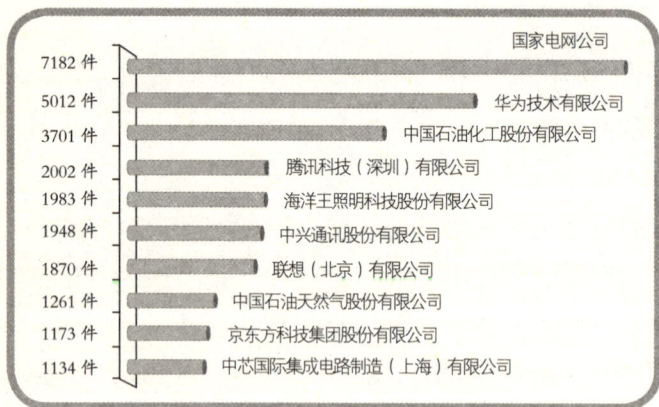

7182 件	国家电网公司
5012 件	华为技术有限公司
3701 件	中国石油化工股份有限公司
2002 件	腾讯科技（深圳）有限公司
1983 件	海洋王照明科技股份有限公司
1948 件	中兴通讯股份有限公司
1870 件	联想（北京）有限公司
1261 件	中国石油天然气股份有限公司
1173 件	京东方科技集团股份有限公司
1134 件	中芯国际集成电路制造（上海）有限公司

2013年发明专利申请量排名前十位的中国企业

2010年授权2826项，比2005年增长了24倍，2010年年底累计拥有有效专利量比2005年底增长了6.5倍。代表专利质量的发明专利申请比例逐年增加，专利结构日益合理。在软件著作权方面，随着SG186工程稳步推进，公司拥有的软件著作权数量大幅提高，广泛应用于电力系统自动化、电网调度、管理信息化建设等领域。

公司发展的历程就是创新的过程，没有创新就不可能建成世界一流电网、国际一流企业。我们需要大力倡导勇于变革、敢为人先、敢于打破常规、敢于承担风险的创新精神，全面推进理论创新、技术创新、管理创新和实践创新。

7年坚守，阮羚研制出发电机不停机也可检测故障的技术。小毛病不用再停电检修，大毛病立即诊断出病因。

2003年，阮羚和他的团队获得了三峡工程发电机组主变压器局部放电试验的成功！咆哮的江水化成源源电能向上海输去……

2008年，全国首条1000千伏特高压交流输变电工程，阮羚团队用十几天找到了干扰源并最终提前圆满完成了荆门站所有的现场试验。

26人的高压所，有6位享受国务院特殊津贴，3位是省政府专家，4位是国家电网技术专家。这么高的专家密集度，全国绝无仅有。

人们总是习惯于把创新想象得太离谱、太神秘、太复杂，并因此阻碍自己思维的发展，其实伟大的创新往往来自对最简单、最容易被忽略的事实的观察。其实，创新并不难，距离我们并不遥远，并不是科学家的专利。它可能就在我们的办公桌上，就在一条线路上，就在一座铁塔上。创新都含有模仿基因。我国航天飞船外天线打开的创新，就是科学家模仿雨伞打开原理创新而来。

最初并没有带橡皮头的铅笔，有人发现，用铅笔时经常到处找橡皮，何不把橡皮安在铅笔上呢？于是，出现了带橡皮头的铅笔。这是创新。吃火锅时有人爱吃辣，有人不爱吃辣，众口难调。于是，出现了"鸳鸯锅"。这也是创新。把猴子的形象和人的形象结合在一起，创作出孙悟空的形象。这还是创新。英国发明家亨利·阿察尔受别针撕邮票的启发，发明了齿纹邮票。这更是创新。

在国网湖北电科院有这样一些年轻人：

姚尧，入职3年，发表论文9篇，其中7篇作为第一作者发表于权威期刊或国际专业学术会议，5篇被EI数据库收录；作为主要发明人申报专利6项，全部被受理或授权。

吴云飞，入职6年，相继成为湖北省电力公司、国家电网公司工程技术专家，他也是国家电网公司最年轻的专家，被工作室的其他年轻人视为榜样。

何清，入职5年，参与完成四项湖北省电力公司重点科研项目并全部获奖，获得实用新型专利1项、受理发明专利1项，被评为湖北省电力公司巾帼文明标兵。

沈煜，入职5年，已有6项重大科研课题获奖。在专业核心期刊和ICCE国际会议上发表论文9篇，被评为湖北省电力公司配网管理标兵，已是湖北省电力公司配网管理专业的领军人才。

看看这些名字和成就，你还会觉得创新离你很远吗？

**心海
箴言**　　创新有时并不难，如同脑筋急转弯，就看谁是有心人，谁能捕捉到。

小贴士

创造性解决问题的10种方法

心理学家Ashcraft总结前人的研究成果，提出了有利于问题解决的10种方法。

（1）增加相关领域的知识。

（2）使问题解决中的一些成分自动化。

（3）制订比较系统的计划。

（4）作出推论：在解决问题前，要根据问题中给定的条件作出适当的推论。这样，既可以避免使问题解决走入死胡同，又可以消除对问题的错误表征。

（5）建立子目标。

（6）逆向工作。

（7）寻找矛盾点：在回答诸如"有可能……"或"有什么方法可以……"这类问题时，可采用寻找矛盾点的方法。

（8）寻找当前问题与过去问题的联系性：在解决问题时，要积极考虑当前的问题与你曾经解决的问题或者你熟悉的问题有哪些相似性，然后利用类似的方法解决目前的问题。

（9）发现问题的多种表征：当问题解决遇到障碍时，回到问题的初始状态，重新形成问题的表征。

（10）多多练习：解决代数、物理和写作等问题，多练习是一种良好的方法。

第四节 给予比索取更快乐

🍃 巴西的甘蔗田里有两种蚂蚁：黑蚂蚁生性温和，以植物和腐食为生；行军蚁最喜欢的美餐是黑蚂蚁。

每天傍晚，浩浩荡荡的黑蚁大军都会准时返回巢穴里，有二十多只黑蚁却守在洞口，搬来沙砾隐蔽洞口。就在这时，上千只游猎的行军蚁朝眼前的二十几只黑蚁猛扑过去，不一会儿的功夫，黑蚁便被全部吃光了。意犹未尽的行军蚁又四处寻找猎物，但却始终没有发现黑蚁的巢穴入口，最后，它们开始上演同类相残的惨剧，大约有三分之一的行军蚁被吃掉了。

如果人人都能勇于为集体的利益而牺牲，换来的就会是这个集体的繁荣与强大；如果人人都为了个人利益而相互争斗，那么这个集体离灭亡就不会遥远了。

奉献，就是一种爱，是不求回报的爱和全身心的付出。对个人而言，就是要在这份爱的召唤之下，努力做好每一件事，认真善待每一个人。

奉献是无私的。一个国家，一个民族，一个阶级，一个政党，一个团体，一个家庭因为都有无私奉献者的存在与生成，才有兴旺发达的今天与明天。

曾耿遵出生于广东潮汕，14岁开始练习跆拳道，17岁进入国家队，从1999年开始连续四年蝉联58公斤级冠军，是这个级别

的世界级高手，在第十五届世界锦标赛上取得第五名。但为了备战2004年奥运会，58公斤级的曾耿遵开始给67公斤以上级别的陈中当陪练。曾耿遵说："这届奥运会虽然说我没有参加，但是能够当上陪练，也算参与了奥运会。不管是她们比赛的，还是我们不比赛的，都是在这个队伍里面。我们应该团结一致地为出征雅典的选手服务，让她们感受集体的力量。"

奉献是一种高尚的情操，也是一种平凡的精神。一谈奉献，人们自然就联想到了雷锋、焦裕禄、孔繁森等先进人物，却往往忽视了身边一些人。其实奉献无所不在，无时不有。不像是战场上的流血牺牲，冲向敌人阵地的英雄；也不像科学领域的带头人那样赫赫有名；更不像政治家的高呼，震耳欲聋的口号。尽管没有轰动的场面，但正因为有这些平凡的奉献者，才有今天的社会平安与发展。

格桑德吉是西藏自治区墨脱县帮辛乡小学的一名教师。2000年，格桑德吉毕业于河北师范大学，毅然回到西藏，主动申请到山乡小学教学。为了劝学，格桑德吉天黑走悬崖，在满是泥石流、山体滑坡的道路上频繁往返；为了孩子们不被停课，她不顾六个月身孕、背起糌粑上路；为了把学生平安送到家，每年道路艰险、大雪封山时，她过冰河、溜铁索，把四个月才能回一次家的学生们平安送到父母的身边。

奉献与责任密不可分。正是因为有了对岗位的那份深沉的爱，才能承担起肩上重重的责任。奉献往往体现在对待工作岗位的责任心上。在岗位上恪尽职守，埋头苦干，脚踏实地，把本职工作当成一项事业来热爱和完成。

李文波21岁毕业于中国海洋大学，当年入伍，三年后赴南沙永暑礁守礁。20多年来，他先后29次赴南沙执行守礁任务，累计守礁97个月，向联合国教科文组织和军内外气象部门提供水文气象数据140多万组，创造了国内守礁次数最多、时间最长、成果最丰的纪录，还编撰完成了《海洋水文气象观测教材》。

奉献是爱国爱企爱岗的自觉行动。企业对国家、员工对企业都要讲奉献。在抗冰抢险、抗震救灾、奥运保电、世博保电等急难险重任务面前，国家电网公司员工不计代价、不讲条件、不怕牺牲，全力拼搏保供电，这就是奉献；在应对国际金融危机、缓解煤电油运紧张矛盾、落实国家宏观调控措施等重大考验面前，国家电网公司上下坚决贯彻中央的决策部署，积极承担社会责任，这也是奉献；广大员工在平凡的岗位上恪尽职守、埋头苦干，脚踏实地做好本职工作，同样是奉献。

国网浙江省电力公司普通电力工人江小金去世为什么如此受关注？为什么他会受到许许多多人发自内心的尊敬？这是因为，他爱党敬业，他的身上凝聚了电力工人对党和国家事业的崇高责任和无私奉献。

1970年10月，17岁的江小金成为一名送电线路工。当时，他只有初中文化程度。1977年，单位推荐他进入浙江大学，成为宁波电业局线路专业第一个大学生。40年来，无论哪个岗位，江小金都把全部身心扑在电网建设上，创造了20个具有影响力的全省乃至全国第一。

在最后的时间里，病榻上的江小金，心心念念的就是电网。他留下了两份感人至深的遗嘱，一份交代后事，另一份交代屯山变电站投产注意事项。墓地正对面，能望见他亲手设计的铁塔导线，不远处，是他设计的金钟变电站。

这就是江小金。一个普通人，把自己平凡的人生，奉献给了平凡的电力事业，自己站成了一座不倒的铁塔，用生命点亮了万家灯火。

国网山西忻州供电公司员工李计文，1985年调到距离忻州300多公里，面临黄河、依山而建的220千伏保德变电站。此后的29年间，寒来暑往，斗转星移，保德变电站的运行人员新老更替，设备几番更新改造，但李计文像被"钉"在保德站一般，矢志不渝、默然坚守，从副值、主值、值长、站长，无论岗位如何变化，无论责任几多沉重，李计文都始终如一，从未言弃。29年来，他始终坚守在那一方小小天地间，默默奉献。在他的努力下，该站累计操作3万多项，监护6万多项，没有出过一起差错，全站安全纪录达8855天，创忻州电网220千伏及以上变电站安全运行最高水平。

李计文，一名普通的共产党员，一名最基层的国家电网公司员工，从风华正茂的小伙子，到两鬓斑白的中年人，将责任扛在肩上，将奉献牢记心底，在平凡的岗位上书写了自己不平凡的人生。

我们所从事的电力工业直接关系上至国计下至民生，大到飞船上天小到村庄床头。你可曾想过，没有电力工人，奥运圣火何以在鸟巢点亮？没有电力工人，飞驰的高铁何以连接四方？没有电力工人，少年们的读书声何以响亮？没有电力工人，母亲何以为远行的儿子缝补衣裳？有了我们的奉献，轮船汽笛就可以鸣响，奔向辽阔的海疆。有了我们的奉献，就可以霓虹闪烁，人们的生活蒸蒸日上。有了我们的奉献，山村中的黑暗被照亮，老人的晚年也被照亮。有了我们的奉献，科学家们才能创造高水平的科研成果，促进祖国科技经济的发展。

　　原来，作为一名电力工人，我们是如此的重要！我们的奉献，对他人、对社会、对祖国，具有如此重大的意义！那么，我们还犹豫什么呢？

心海箴言 对人来说，最大的欢乐、最大的幸福就是把自己的力量奉献给他人。
——苏霍姆林斯基

心理测试

我对人生的态度是什么？

测试题目：

你在黄昏时分，出外散步，结果发现一栋老旧的空屋。你觉得很是神秘，于是你悄悄潜入，从一面向西的破窗往外看，突然之间，你的视线被窗外的某样东西给吸引住了。这是什么东西呢？从下面三个答案选出一个。

A. 渐渐西沉的太阳

B. 飞过满天晚霞的飞机

C. 工厂烟囱冒出来的烟

计分与结果：

选A：基本上十分逍遥自在，对人生的态度也相当乐观。由于在行动上也是属于慢步调的人，所以往往容易变得怠惰。

选B：选此答案者，处事积极热情，经常不断地规划人生，让自己的生活过得既忙碌又充实。此种人属于步调很快的人，常常觉得人生短暂、时间不够。

选C：属于容易冲动、心理变化比较剧烈的类型。当热衷于某件事时，会觉得时间过得飞快，但是，一旦兴趣减退时，便又觉得度日如年。